甘肃省创新团队项目"丝绸之路文化传播"资助

往事如风

——丝绸之路上的民族与王国

徐兆寿　主编

中国社会科学出版社

图书在版编目 (CIP) 数据

往事如风：丝绸之路上的民族与王国 / 徐兆寿主编 . —北京：
中国社会科学出版社，2018.9
ISBN 978 - 7 - 5203 - 0611 - 9

Ⅰ.①往…　Ⅱ.①徐…　Ⅲ.①世界史—通俗读物
Ⅳ.①K109

中国版本图书馆 CIP 数据核字（2017）第 127015 号

出 版 人	赵剑英	
选题策划	罗　莉	
责任编辑	刘　艳	
责任校对	陈　晨	
责任印制	戴　宽	

出　　　版	中国社会科学出版社	
社　　　址	北京鼓楼西大街甲 158 号	
邮　　　编	100720	
网　　　址	http://www.csspw.cn	
发 行 部	010 - 84083685	
门 市 部	010 - 84029450	
经　　　销	新华书店及其他书店	

印刷装订	北京君升印刷有限公司	
版　　　次	2018 年 9 月第 1 版	
印　　　次	2018 年 9 月第 1 次印刷	

开　　　本	880 × 1230　1/32	
印　　　张	7.875	
插　　　页	2	
字　　　数	175 千字	
定　　　价	39.00 元	

凡购买中国社会科学出版社图书，如有质量问题请与本社营销中心联系调换
电话：010 - 84083683

目　　录

上部　消失的王国

下部　奔腾的民族

上　部

消失的王国

第一章 梦回楼兰

一 发现楼兰

1906 年，当"戊戌六君子"的鲜血已经在菜市口渐渐风干，圆明园的灰烬快要在中国的上空飘散时，北京发生了一件令人激动的事。朝廷派出的到日本和西洋考察的五位大臣回国，一力主张立宪强国。慈禧同意。清廷正式发表"仿行宪政"上谕，全国上下立时一片哗然。学界自然是欢呼雀跃，喜极而泣。

就在中国的知识分子等待立宪的时刻，一只从西方伸进来的手，正在轻轻抚去掩盖在古老的丝绸之路上的黄沙。

那是 1906 年 12 月 17 日，一个寒风凛冽的日子。就在前几天，一场暴风雪刚刚在这里肆虐。世界变得极其荒凉、肃杀、空茫。但这只准备了很久的手并未就此停下来。他终于在黄沙中发现了罗布泊中的佛塔。他和他的团队在佛塔下搭好帐篷，住了下来。他相信这些黄沙下有惊人的秘密。

一天，两天，三天，几天过去了。一座古老的城池裸露在他的面前。他激动不已。在一个"垃圾堆"旁，他们挖掘出了200多件文物，有写在木片上的文书，也有写在纸上的文书。真正的"流沙坠简"，无论抓起哪一本一抖，都有细细的流沙淌下来，发出一种奇怪的近乎枯草在风中抖动的响声。这些文物，有佉卢文书、汉文文书以及印度语文书。从各个遗址中出土的各类文书，都足以决定性地证明，这个古城当时的官方语言是一种古老的印度语——普拉克特语。这些文书"上面所记载的日期，表明这个神秘之城大约是在3世纪至4世纪时就被放弃了"。文书上的文字同样证明，这个神秘之城的地名，就是史书上提到的楼兰。楼兰，多美的名字，这里曾经是一个令人向往的国度。站在经过1800年风沙洗劫后仍然坚强挺立的胡杨木架和芦苇墙前，仿佛能听见楼兰繁华大街上的人声鼎沸、车水马龙。

是的，这就是在唐代边塞诗中一再提到的楼兰王国。现在，这座在黄沙下沉睡了1276年的古城兀立于世界之上，它显得极端不自在，仿佛在寒风中瑟瑟发抖。也许，它宁愿沉睡在黄沙之下，任凭唐诗将它想象，任凭后人将它无尽地寻找。

而第一个发现楼兰国的这个人便是英国人斯坦因。这个精通东方学的英国人，凭其广博的学识和敏锐的感知力很快就将这些文物让人运回了英国。第二年，他发现了敦煌，用六天六夜的时间在敦煌莫高窟藏经洞的文物中挑选了最精美的宝贝，同样运回了大英帝国。这个借大英帝国殖民东方的机会，将中亚的文物想当然地据为己有的学者，在英国受到了空前的赞扬，但在中国遭遇了百年的讥讽。这是那个殖民时代在文化上留下的历史疑问。如果说欧洲人在进行世界地理大发现之后终于发现了传说中的中国，并用枪炮对中国进行殖民的话，那么，从李希霍芬开始到斯坦因、伯希和等对西亚、中亚乃至东亚地区进行的地理、文化大发现，以及进行的一系列偷盗活动，便是另一种微妙的殖民活动，这便是文化殖民。斯坦因将敦煌及中亚的文物带回英国时，他是作为一位远征得胜、满载而归的英雄回归故里的，他受到的礼遇令其他学者望尘莫及。他们在英国展览那些文物时，并不是在进行保护文物，而是在炫耀大英帝国的权威和文化意志。这个本质在今天仍然未能得到充分的阐释，后殖民主义学者萨义德在阐述文化殖民的问题时，它才得到一部分人认同。当然，无论如何，我们不能否认，是斯坦因找到了唐诗中的楼兰。

　　然而，没有被斯坦因重视的佛塔，才是楼兰古国留下的珍贵文物。位于楼兰古城东北部的佛塔高 10.4 米，为土坯和红柳枝夹筑而成。塔基为方形，长 19.5 米；塔身高 8 米，为八角形；塔顶为圆形，直径约 6.3 米，残高约 2.1 米。在塔的南侧塔基与塔身之间，有供攀登用的土坯台阶，宽约 0.3 米。在佛塔附近发现了列拱坐佛浮雕，坐佛持禅定印坐于龛内，这在犍陀罗佛教雕刻艺术中是十分常见的。在城外北郊四五公里处还有另一座佛塔。两座佛塔造型十分相似，均为圆柱形，只是该塔塔顶为一平台，中间还有一个圆的台基，可能是佛塑像基座。台基上部已经损坏，下部残存壁画。

　　从这些残存的佛塔，我们可以推测当时楼兰国内佛教十分盛行。史料记载，法显在东晋隆安四年（公元 400 年）到达鄯善后，记录了当地佛教的一些情况："其国王奉法，可有四千余僧，悉小乘学。诸国俗人及沙门尽行天竺法，但有粗精……惟国国胡语不同，然出家人皆习天竺书、天竺语。"
那大概是楼兰在史料中为数不多的记载之一了。

　　佉卢文是起源于古代犍陀罗，后来流行于中亚广大地区
的一种文字，是丝绸之路上重要的佛教语文，自然也是楼兰
国使用的文字。佉卢文使用时正是佛教发展时期，有许多佛
经是用佉卢文记载的。公元3、4世纪，佉卢文开始在鄯善
流行。比如关于僧团事务，第489号文书上写道：

　　　　伟大国王，上天之子夷都伽·摩诃祇梨陛下在位之
　　十年十二月十日……库巴尼（都城）之僧团制定了精绝
　　僧团之规章。

　　佉卢文和佛塔是当时楼兰佛教盛行的有力证据。①

二　楼兰简史

　　"青海长云暗雪山，孤城遥望玉门关。黄沙百战穿金甲，
不破楼兰终不还。"（王昌龄《从军行》）唐诗中的楼兰是一
个敌对的存在。那么，我们不禁要问：楼兰到底是一个国
家，还是一个民族？它们从哪里来，又去往哪里了？

　　现在发现的楼兰古城，位于塔里木河及孔雀河流入罗布
泊的河口三角洲中部，东距近代罗布泊西岸约28公里，北
距孔雀河最北沿的古河道29公里，位于东经89°55′22″，北

---

① 　古丽比亚：《西天的回声——西域佛教艺术》，湖南美术出版社1999
年版。

纬40°29′55″。古城南沿及城北约3公里处各有一古河道从西向东入湖，河宽20—40米，深5—8米，楼兰古城行政位置处于新疆巴音郭楞蒙古自治州若羌县境内西北部。

有一种观点认为，楼兰人使用中亚佉卢文作为官方文字，而楼兰本族语言却是一种印欧语系的语言，所以，可以设想，楼兰人是"漂泊东方的印欧人古部落"。另一种观点认为楼兰人属于雅利安人。但是根据人类学家对"楼兰女尸"进行体质人类学测量的结果显示，楼兰人更接近于古代阿富汗人。专家称："那具保存完好的女尸，浅色头发，眉弓发育，鼻骨挺直的形象，明显具有高加索人种特征。"

对楼兰最早的记载，大概是《史记·大宛列传》中的记载。约在公元前3世纪时，楼兰人建立了国家，当时楼兰受月氏统治。公元前177年至公元前176年，匈奴打败了月氏，楼兰又为匈奴所辖。张骞出使西域，向汉武帝报告"楼兰、姑师邑有城郭，临盐泽"。这说明，在古代塔里木河尾端形成了一个小三角洲，它孕育了楼兰古国。丝绸之路开通后，东西方的商业往来与日俱增，给楼兰经济带来空前的繁荣。

楼兰属西域三十六国之一，其神奇之处在于，虽远离水源，但是当时广阔的罗布泊使得楼兰仿佛江南水乡。它东通敦煌，西北到焉耆、尉犁，西南到若羌、且末。古代"丝绸之路"的南、北两路从楼兰分道。丝绸之路开通后，楼兰国是西出阳关的第一站，其地理位置极其重要，同时贸易经济也迅速发展起来。

《汉书·西域传》记载："鄯善国，本名楼兰，王治扜泥城，去阳关千六百里，去长安六千一百里。户千五百七十，口四万四千一百。"这记载还需进一步考证。那时的楼兰，商旅云集，市贸热闹，有着整齐的街道，雄壮的佛寺、宝塔。这里地势平坦，水丰草茂，盛产鱼虾蒲苇野麻，有玉石、驴马、马鹿、骆驼等物产，物产富饶，人口兴旺。居民以渔猎畜牧为生。东晋后期，中原局势动荡，与楼兰往来渐疏。公元400年，高僧法显西行取经，途经该地，之后在《佛国记》中说：此地已是"上无飞鸟，下无走兽，遍及望目，唯以死人枯骨为标识耳"。这个地方就是楼兰，它曾经辉煌一时，近500年之后就突然神秘地在地球上消失，这为"楼兰"这个名字蒙上了一层极其神秘的面纱，等待我们去揭开。

三　唐诗中的楼兰

一个巨大的疑问是：既然在法显时期楼兰已经成为那样一座将要废弃的城市，而且居民也少，那么，它如何来对抗强大的大唐帝国？唐诗中为什么总是有与楼兰对应的诗句呢？

史书记载，汉时的楼兰国，地处汉与西域诸国交通要道，为了保护自己，在月氏强大时是月氏的附属国，匈奴强大时又是匈奴的附属国。后来月氏远去，又夹在匈奴与汉帝国之间，有时成为匈奴的耳目，有时归附于汉。汉武帝派遣张骞出使大月氏，使者经过楼兰时遭到杀害，自此楼兰与汉朝结下了"梁子"。汉武帝一怒之下出兵讨伐楼兰，楼兰无力反击只好送其王子作为人质，此事才作罢。楼兰夹在汉朝和匈奴之间摇摆不定。最终彻底激怒了汉朝，汉武帝再次派出大军讨伐楼兰，楼兰王深知不妙，立刻打开城门投降，向汉朝示好。

在法显的笔下，楼兰国已经破败不堪。到了玄奘的笔下，它已经成为"纳缚波故国，即楼兰地也"。说明在那个时候已经荒凉至极。可是，战火为什么在那里燃烧？那时的楼兰就是过去的楼兰古国吗？

事实上，唐代的主要对抗者是吐蕃，唐朝与吐蕃在楼兰常常兵戎相见。李白《塞下曲》中的"五月天山雪，天花只有寒……愿将腰下剑，直为斩楼兰"，以及王昌龄《从军行》中的"不破楼兰终不还"中的楼兰，说的已经不是昔日的楼兰，而是一个战场，是广袤的西域。据说，唐时有军队去寻找过楼兰，但没有发现一个强大国家的存在。所以，唐诗中的楼兰实际上是对汉代楼兰的想象。

因为想象，楼兰越来越神秘，以至后来人们似乎忘了之前的战火，将其美化为一个桃源之地。有数不清的作家再也不是以唐代诗人们那样一种国仇家恨地去描绘楼兰，而是将楼兰作为一个神秘的国度去想象。新疆有位叫李广智的作家在《楼兰之谜》中写到，在离楼兰遗址不远的地方，民间仍然流传着这样的故事：

从前有一个大得仿佛没有边际的大泽，高高的芦苇招来了成片的水鸟在大泽上空翱翔，小孩只是收捡水鸟遗下的蛋，就能美美地饱餐一顿了。因为大泽太大，每个生活在这里的人都拥有一只自己的独木舟。人们找来最粗壮的树干一劈两半，将中间挖空，这种独木舟刚好容纳一个人坐进去，既舒服又安全。大泽的每个角落都是一幅风景画，这里不仅壮美而且富饶。

这个地方就是楼兰。

传说楼兰人之所以选择了逃亡是因为早在楼兰繁荣时期就有人预言了它的消亡。那一天，一个头上插满了雁翎，身披雁羽衣的人出现在大泽边。他指着天空说：今天，是楼兰的末日。本来天上飘着丝绸一般的白云，微风习习。灾难瞬间而至。一道巨大的电光炸响在天幕上，似乎要把楼兰的大地劈开，电光之后，天空中出现一颗巨大无比燃烧着的火球，不断地旋转膨胀。"砰"的一声从天空砸下，楼兰瞬间变成了火海。湖水着了，芦苇着了，整个世界都着了。这大火不知烧了多少天，在那之后，楼兰消失了。①

这样的故事，我们在《圣经》中也能看到。《圣经》中讲，上帝看到索多玛城中充满了罪恶，这些罪恶便是不信神，崇拜偶像，崇拜欲望，贪婪自私，男女都失去正常的伦理，失去生育能力，成为一座不义之城。于是，上帝用上面所讲的那样一种方式毁灭了这座罪恶之城。

如果楼兰人信上帝，那么，他们无疑也变成了不义之人，这座城也成了罪恶之城。但是，楼兰人信的是佛教。佛教是讲因果报应的，那么，到底他们犯了什么罪才导致他们受到如此的惩罚？

四　消失之谜

一百多年来，人们对楼兰的关注几乎与敦煌一样。人们似乎更关心的是楼兰的消失。关于楼兰消失的原因，大体来

---

① 李广智：《楼兰之谜》，解放军出版社 2000 年版，第 5—10 页。

看，有以下几种说法：

1. 过度开发

楼兰古城位于塔里木河的最东端，再往东就是寸草不生、荒无人烟的白龙堆。为了满足日益增加的食物需求，楼兰人过度垦种，耕地盐碱严重且面积不足；西北内陆地区的水资源与降水密切联系，降水的不稳定导致了水资源的不稳定。过度的土地开发和水资源的不稳定，使楼兰的自然环境早已不堪重负。公元3世纪后，流入罗布泊的塔里木河下游河床被风沙淤塞，在今尉犁东南改道南流，致使楼兰"城郭岿然，人烟断绝""国久空旷，城皆荒芜"。

2. 瘟疫

学者们认为，楼兰一定遭遇过一次灭顶之灾，这便是瘟疫。在巨大的灾难面前，楼兰人被迫选择了逃亡。国没了，家散了，楼兰人像是非洲旱季迁徙的大象，寻找生命之源。已是末路的楼兰人偏偏又赶上了一场大风暴，狂风卷起沙尘，天地连成一片，雾茫茫、阴沉沉。待到黄沙吹散之时，楼兰便消失在尘埃之中。

3. 断流

古孔雀河是楼兰古城唯一的淡水源。楼兰古城东部虽有浩瀚的罗布泊，但却无法饮用。就像身处大海，四周皆是水却无水可喝一样。水是生命之本，无水便意味着死亡，因此古孔雀河是楼兰的生命河、母亲河。据《水经注》记载，东汉以后，由于塔里木河中游改道，导致楼兰严重缺水。敦煌的索勒曾率兵 1000 人来到楼兰城，又召集鄯善、焉耆、龟兹三国的兵士 3000 人，将水引入楼兰，缓解楼兰缺水的困境。后来，楼兰人还做过种种引水的努力和尝试，但楼兰古城最终还是因断水而被废弃了。

4. 战争

公元 5 世纪时，北方强国林立，战争频仍，楼兰被某一弱小国家所灭。

5. 生物入侵

有学者认为，一种从两河流域传入的蝼蛄昆虫，以楼兰地区的白膏泥土为生，后来数量激增，像蝗虫一样侵入居民屋中，人们无法消灭它，只得弃城而去。

6. 沙漠入侵

沙漠入侵的速度看上去是缓慢的，但当它以数百年的方式往前行进时，一切文明就都成了废墟。从今天的民勤县来看，沙漠行进的脚步，每天以 3 米左右的速度前进，一年便是一公里左右，而 500 年便是 500 多公里。美丽的楼兰只能被黄沙掩埋。

我们无法想象，我们穿城而过的母亲河黄河一旦断流，我们的生活将会变成什么样。也许那时草木不再葱郁，炎热的夏日再也享受不到母亲河带给我们的清凉，一向为兰州代言的牛肉面也不是原来那个熟悉的味道了。同样，毗邻沙漠绿洲罗布泊而建的楼兰古城失去了他们的母亲河——古孔雀河，该是何种悲伤，他们迫不得已背起行囊，离开曾经心爱的家园，直到楼兰变成一座空城、死城。

　　往日的繁华已被黄沙掩埋，喧嚣不再，只有呼呼的风声卷起狂沙，仿佛在申诉它的不甘和悲伤。

五　楼兰遗迹

　　她，有一张瘦削的脸庞，高挺的鼻梁，深邃的眼眶，褐色的长发披肩。即使在 3800 年之后，我们依稀能够想象出她是那般惊为天人，曾经有个诗人这样描写她：

　　　　仿佛远古的神话
　　　　最美的音符
　　　　湮没在岁月的风尘中
　　　　西域的花朵如此妖艳
　　　　花香袭人 或者秋波频传
　　　　被她击中的人
　　　　纷纷落马
　　　　楼兰美女只是一种符号
　　　　两千多年过去了
　　　　楼兰已沉睡在沙漠里
　　　　就像眼前的美女
　　　　干枯的躯体透露出腐败的气息
　　　　没什么力量可以把美留住
　　　　在西域，在楼兰这个地方
　　　　最美的花只开在心里

她，就是楼兰美女。她美赛天仙，晶莹剔透；她生前并无太多的文字记载，死后却留给世人无限的遐想空间。没有过多的历史功过是非，仅仅留给世人貌美的永久话题……

1. 楼兰美女

1980 年，考古学家在罗布泊铁板河发现一具保存完好的女性古尸，女性的皮肤为红褐色，还稍有弹性，面部轮廓非常明显，眼睛大而深、鼻梁高而窄、下巴尖而翘。由于这具女性古尸是在神秘的楼兰古城附近被发现的，所以就给她取名为"楼兰美女"。她生前到底如何我们今天无法得知，但今天的人们赋予她奇妙的想象。楼兰，这个在唐诗中被描绘为敌人存在的国度，现在竟然成了诗意的存在，一个令人向往的国度。历史，到底在转换一种怎样的情结呢？

2. 楼兰古城

斯文·赫定首先为世界描绘了在罗布泊边缘发现的这座古城，在那里有沙漠掩埋了一大半的佛塔。于是，斯坦因依循他的指引，首先找到了佛塔。从佛塔开始，他将这座消失了 1276 年的古城展现给世界。在那断垣残壁中，依稀可见往日的繁华。城区呈正方形，面积十万多平方米。古城全景旷古凝重，苍凉而悲壮。城中东北角有一座烽燧，是汉代建筑的风格。烽燧的西南是"三间房"遗址。再往西是一处大宅院。院内，南北各有三间横行排列的房屋。有学者认为，如果根据出土文书推测，三间房毗邻的框架结构房屋是楼兰城的官署遗迹。

3. 流沙坠简

第一个来到楼兰古城的人并不是斯坦因，而是李希霍芬的学生斯文·赫定。他轻轻拂去黄沙，大量钱币、丝织品、粮食、陶器便呈现在眼前，甚至还有 36 张写有汉字的纸片、120 片竹简和几支毛笔。以此，他断定这里就是楼兰古城。后来的斯坦因则在这里发现了大量的简牍，凭借这些文物，他证明了楼兰王国的存在，以及其写在竹简上的历史。

4. 楼兰"森林法"

在被命名为"三间房"的古楼兰曾发现了中国也制定了世界上第一部"森林法"。它规定：凡砍伐一棵活树者罚马一匹，砍伐小树者罚牛一头，砍倒树苗者罚羊两只。也许这个法典能够告诉我们，楼兰在那个时候就已经发现生态对于他们的重要性，而且树木可以很好地遮挡风沙。

从古至今，沧海桑田，人类总是不断尝试战胜自然。生产力的提高和科技的进步使人类变得狂妄自大，对自然的敬畏不复存在。无论楼兰消失的原因多么复杂，可以肯定的是环境变化是其一。

大约一万年前，地球环境发生了空前的变化，即由末次冰期的干冷环境演变成冰期后时期的湿润环境，借此契机，人类文化也由旧石器时代进入新石器时代。而 10000 年之后，地球环境经历了三个大的阶段性变化，距今 10000 年至 8000 年为升温期，距今 8000 年至 3000 年为高温期（气候适宜期），距今 3000 年至今为降温期。

在新石器时代，楼兰便有了人类的足迹。进入青铜器时代，高温期的罗布泊有丰富的水源供给人类，因此这段时期楼兰人口众多。距今3000年前，世界进入降温期，水源不断减少，干旱加重。人类对水源的需求不停增加，罗布泊仿佛一台超负荷日夜不停运转的机器，愈发虚弱。不仅如此，就连罗布泊赖以生存的胡杨树也被人类大肆砍伐。楼兰古城位于塔里木河的最东端，它的东面是历来被过往商旅视为畏途的面积达数千乃至上万平方千米荒无人迹的白龙堆，因此，来往于丝路上的商旅们，无论是从西方经过塔里木盆地到中原，还是从中原经过河西走廊和塔里木盆地到西方，都要在楼兰停留，进行休整，储备足够的食品和饮水，以便通过路程漫长而艰难的白龙堆，楼兰的地位逐渐变得重要起来。为了满足日益增加的食物需求，楼兰人过度垦种，耕地盐碱严重且面积不足；另外西北干旱地区河流的径流本来就变化很大，时而出现缺水，时而出现洪水。过度的开发和资源利用，以及水资源的不稳定，使楼兰的自然环境不堪重负，从此埋下了悲剧的种子。公元3世纪后，流入罗布泊的塔里木河下游河床被风沙淤塞，在今尉犁东南改道南流，很快罗布泊就干涸了。楼兰人早就知道，过度向大自然索取必然会导致严重的后果，5号小河墓地上发现的"男根树桩"表明当时的楼兰人已经产生危机感，希望通过生殖崇拜祈求子孙繁衍下去。但是抱着侥幸心理的楼兰人最终难逃蔑视自然的恶果。

英国作家约翰·海尔在20世纪90年代出版的《迷失的骆驼》一书中曾记述：20世纪60年代，最后一批楼兰人后裔迁徙到了新疆鄯善县的迪坎村。真实与否，我们不得而知。但是我们宁愿相信楼兰人的后代在现在已经干涸的罗布泊北面，离他们故国不远的地方，安定幸福地世代生活下去。

第二章　月氏帝国

一　张骞通月氏

传说月氏国王派遣使者向汉武帝进献一头猛兽，此兽"形如犬子，大如狸，毛黄色"，使者却说它能使百邪之魍魉望而却步。汉武帝不信，命令使者令猛兽发声，只见猛兽慢慢舔舐嘴唇，忽然大叫一声，如霹雳震天，两目如矸石燃烧的火焰。武帝吓得弯下身子捂住耳朵，众将士惊得手中的兵器纷纷掉在地上。武帝认为此兽太过危险，送至上林苑命令老虎吃了它。令人咂舌的是，老虎见到它，连连后退，发出呜咽声，竟不战而屈。这一情形令汉武帝对月氏国之实力刮目相看。

《汉书·西域传》中记载，汉朝建立后，一直受到北方游牧强国匈奴的侵扰，令汉朝统治者头痛不已，汉武帝继位后，继续推行其父生前的养生息民政策，汉朝逐渐富强起来。

公元前162年，月氏受到匈奴袭击。冒顿单于的儿子老上单于杀掉了大月氏的国王，并把其首级割下带回匈奴，将其头骨外包皮，内镶金当作酒杯使用。这对月氏人是极大的侮辱，月氏人恨不得将匈奴人剥皮抽筋，但以其自身之力，无法与之抗衡。公元前138年，汉武帝经过长期的休整，决定反击匈奴的侵扰，以除心头大患。听到月氏王被杀这个消息，武帝知道机会来了，汉朝如果能跟月氏联合起来，切断匈奴与西域各国的联系，就等于切断了匈奴的右臂，可以为汉朝省去大量的人力、物力、财力。机不可失，立即全国招募出使月氏的有志人士。然而到达月氏必须经过匈奴，这只"嗜血猛兽"让大多勇士望而却步。这时，张骞挺身而出。张骞是汉武帝的宫廷侍卫，拥有雄心壮志的他看到告示积极应征。汉武帝对其大加赞赏，特意选出100多名勇士协助张骞，就这样，100多人浩浩荡荡地出发了。才走不远，刚刚出了陇西，就遇到匈奴骑兵，张骞和他的100多位勇士全被活捉带到单于面前。单于问张骞为什么要靠近匈奴驻地，张骞如实回答："汉武帝派我等一行人出使月氏，并没有侵犯匈奴的意思。"单于听后恼怒地说："月氏在我北边，你们汉朝想遣使从我头上过？我想出使南越，汉天子答应吗？"恼归恼，单于是个惜才的人，他觉得张骞是个可塑之材想留为己用，决定把张骞扣在匈奴，逼他娶妻生子，希望以此消磨他的意志。

但是十年过去了，张骞始终记得他的使命。一天，张骞趁匈奴内乱逃了出来，但他并没有返回长安，而是继续向西，去完成联合月氏的使命。当他千辛万苦到达伊犁河和楚河流域时，月氏人却已经再一次西迁了。他只好继续向西前行，翻山越岭、跋山涉水，经过巴尔喀什湖北岸，翻过吉尔吉斯山脉，经过几十天，来到了大宛（今费尔干纳），大宛国王听说了他的遭遇和汉朝的富庶，非常高兴，想和汉朝通好。答应派向导和翻译把张骞领到康居（今乌兹别克斯坦塔什干一带）。

张骞在大宛国王的帮助下，终于抵达月氏人的所在地。遗憾的是，今非昔比。此时的月氏执权者是一位夫人。月氏王被匈奴人杀死后，王子年幼无法统治国家，只好由王后乃真尔朵暂时代理王位，但这只是一个幌子，真正的权力落到了几位王公大臣手中。

王后听说有汉朝使者来访，非常高兴，专门举办宴会，盛情款待。宴会后，王后详细地向张骞询问了汉朝各方面的情况，王后疑惑地问张骞："此次汉朝出使我国的目的是什么？"张骞立刻转达了汉武帝希望大月氏与汉朝共同联合抗击匈奴的愿望。

王后叹了口气，说："月氏人与匈奴确实血海深仇，但是比起报仇，人民生活安定富足更重要，我们已经不断向西迁徙到了这里。这里水草丰茂，我们在这里生活得很好，很富裕，有成群的牛羊。月氏人民不会放弃现在稳定的生活去冒险攻打匈奴。"

千辛万苦才到达月氏的张骞，怎能轻易地放弃。半个多月后，张骞再次提出结盟之事，月氏王后避而不谈，只是询问了汉朝皇帝传承、执政等一些事情。转眼，张骞在大月氏已经住了一年多了，仍旧劝说无果，只好返回汉朝。归途中，张骞等人又被匈奴人扣押，幸好匈奴内部一直不稳。内乱再次解救了张骞。长安—西域—长安，张骞整整辗转了13年。

二　月氏简史

月氏这个民族出现得很早。《史记·夏本纪》曾记载：
"弱水既西……三危既度……织皮、昆仑、析枝、渠搜，西
戎即序。"《逸周书·王会篇》也记载："禺氏陶涂。"《穆天
子传》记载，周穆王十三年，周穆王西巡，来到黑河流域的
"禺知之平"。史料中的析枝、禺氏、禺知都指的是月氏。

关于月氏的族属，国内外学术界说法不一。一些外国学
者认为月氏应属突厥，或雅利安人，也有学者认为应与匈奴
同族。而根据现有史料，月氏人与羌接近最可信。《后汉
书·西羌传》记载："湟中月氏胡，其先大月氏之别也，被
服、饮食、言语略与羌同。"另外，《魏略》有明确记载：
"敦煌西域之南山中，从婼羌西至葱岭数千里，有月氏余种、
葱茈羌、白马、黄牛羌。"由此可知，从祁连山南一直到敦
煌及其以西都有月氏与羌共同生活，他们之间文化、饮食、
语言都比较相近。

月氏人是游牧民族，他们的足迹从天山中部一直延伸到
贺兰山甚至黄土高原。春秋时期月氏逐渐强盛，直至战国时
期，统一了河西地区，建立了昭武城作为月氏的都城。据
说，月氏人精通天文历法，尊崇周文王创立的易学，有许多
精通易学的国师，对地理风水和阴阳学说颇有研究。相传，
月氏王射猎到昭武这块水草丰美的地方，只见他骑在高大的
马背上向南远眺，皑皑祁连白雪覆盖；向北一瞅，合黎青翠
欲滴，雾岚中百鸟鸣唱，山下滔滔弱水一泻千里，令他心旌
飘动；只见脚下这块草地东侧大湖是月牙形，草地像凹凸的

半圆，北面弱水发出"哗哗"的声响，南面祁连像一座硕大的靠山，山随地势，水从洼流，恰似天地巧妙安排下的一幅精美绝伦的八卦图。月氏王就以此为中心，向东西南北各走九九八十一步，修筑城池一座，取名"昭武城"。

有学者推测，昔日昭武城的位置，大约在今天临泽县境内的鸭暖乡昭武村一带。"昭武城"地处黑河中游，山丹河在它东约10公里处的甘州区靖安乡境内与黑河交汇，淤沙河从祁连山中奔涌而下，途经甘州区明永镇、沙井镇到临泽鸭暖箭台村融入黑河，梨园河从鸭暖野沟湾融入黑河。淤沙河在"昭武城"之东，梨园河在"昭武城"之西。三面环水，一面环山，周围丰茂的草原为月氏人畜养牛羊提供了优质牧草，肥沃的土地使小麦和谷物的产量大大提高，月氏人的生活有了最基本的饮食保障，这就加速了月氏国国力的提高。公元前3世纪后期，月氏到达了巅峰。《史记·匈奴列传》记载："当是之时，东胡强而月氏盛。"

这一时期，月氏在西，匈奴在北，东胡在东，秦在南，月氏的逐渐强大对其邻国构成了威胁，其中以匈奴为甚。《史记·匈奴列传》云："（东胡）与匈奴间，中有弃地，莫居，千余里。"当时月氏这个"控弦十余万"的强大游牧民族对土地的渴望十分强烈，不断向东蚕食，匈奴的头曼单于无力抵挡，只好采取了"和为贵，礼为先"的策略。为了表达求和的诚意，头曼单于派太子冒顿到昭武城作为人质，以保边境的太平。但头曼单于将太子送去做人质的目的并不仅仅是"求和"这么简单，狡猾的他，早早打好了如意算盘。此番将太子冒顿送去月氏，定然凶多吉少。这就名正言顺地为小儿子继承王位扫清了障碍。这都源于头曼单于对年轻貌美的阏氏恩宠有加，为了讨得美人欢心，他千方百计地想立这位阏氏所生的儿子为太子，苦于名不正言不顺。这次不正是"天赐良机"吗？

冒顿怎么也不会想到，平时对自己横挑鼻子竖挑眼的父亲居然这么狠毒，一心想置自己于死地。冒顿到达昭武城还未熟悉周边环境，他的父亲就突然发动了对月氏的攻击，企图激怒月氏而杀掉太子冒顿。月氏王果真大怒，下令杀掉"质子"。好在冒顿早知自己身处险境，未雨绸缪，平日里在马厩周围悉心观察，和喂马的马夫混得很熟，当他得知头曼单于已发动对月氏王的攻击时，趁夜色盗得一匹宝马飞驰而去，等天亮月氏王发现派人去追他时，他早已逃离月氏。冒顿逃回北庭后，对在月氏经历的事情只字不谈，只是默默地尽管带兵练习"鸣镝"。冒顿的一世辉煌就从这一万名军马的"鸣镝"训练开始了。所谓"鸣镝"就是一种射击带响的箭。冒顿命令部队："鸣镝所射而不悉射者斩。"首先用鸣镝行猎野兽，没有跟着他射的人，被立刻斩首；又用鸣镝射向他的战马，有人不敢射，被斩首了；再用鸣镝射向他的爱妾，有人不敢射，也被斩首了。如是反复训练，士兵们终于步调一致，令出即行，鸣镝响处，立刻万箭齐飞。

公元前209年的秋天，头曼单于去山野狩猎，冒顿带领人马随行，就在头曼单于纵马奔驰之际，冒顿将鸣镝射向了他的父亲，随着一声尖厉呼啸，士兵们即刻万箭齐发，都射向头曼单于，头曼当场死亡。冒顿以迅雷不及掩耳之势发动了政变，把他的后母、兄弟、所有逆反的大臣全部杀掉，自立为单于。草原民族向来崇尚武力，对于孔武有力的冒顿自立为王，自然是支持的多，更何况他还握有一支威不可凌的虎狼之师。自此，冒顿像一张张满的弓，把一支支鸣镝射向四面八方。鸣镝飞起之时血光万里，马蹄所到之处天昏地暗。

公元前 203 年，就在刘邦刚刚建立汉朝的时候，冒顿单于击败东胡，实力更加强劲。此时，骄奢淫逸的月氏王还沉浸在轻歌曼舞的太平盛世里，完全没有防备。冒顿单于在东胡之战大获全胜之后立即决定对月氏发起突袭。生活安逸的月氏士兵褪去了当年的骁勇，只能负隅顽抗，最终月氏人逃离了盘踞近千年的古都昭武城。面对强大的匈奴骑兵压境，月氏王率众沿居延海向西逃遁，来不及逃走的老弱病残由兵卒带领潜入祁连山，投靠和月氏关系密切的"羌"人。统治了河西走廊近千年的月氏人向西，向西，再向西，从此告别了河西走廊的昭武大地。

此次月氏人为了躲避匈奴的追击从黑河北岸由东向西迁徙，他们越过居延海从漠北向西而行，路越走越长，人越走越少，家园被占领，流离失所，往日的幸福美好回想起来更加悲伤。无处安家，被迫西迁，就进入了乌孙的领地。月氏人虽然受到匈奴的重创，但是对付乌孙可是小菜一碟。月氏人的"安家之战"很快结束，乌孙国王难兜靡被杀死，大片国土被月氏人侵占。此时，匈奴王早就料到月氏不会善罢甘休的。于是收养了乌孙国年幼的王子猎骄靡，并且一定程度上给予乌孙帮助。猎骄靡长大后，养精蓄锐，时机成熟后，便统领乌孙大军为报杀父之仇西进攻打月氏。最终匈奴大胜月氏，月氏王被杀，其头盖骨被匈奴王做成酒杯，借此来表现自己强大的武力，当然，也有说法认为，月氏王的头骨被做成夜壶，以此来羞辱月氏。

受到重创的月氏人只有再次向西迁徙，从伊犁河下游迁徙到大夏（今巴基斯坦境内），公元前1世纪末，月氏国分裂为五大部分，即五翕侯。其中的贵霜翕侯丘灭了其他四部，于公元1世纪建立了名噪一时的贵霜王朝，建都于高附。

公元90年，贵霜王向汉朝示好，特意派出使者前来向大汉公主求亲，被汉朝名使班超拒绝，贵霜王大怒，率7万大军，越过帕米尔高原攻打汉朝。汉朝西域都护班超集合西域各属国兵马，以瓮中捉鳖的妙计将贵霜军团团围困，迫使其遣使投降。不费汉朝一兵一卒，便轻易化解了一场西域各国的灾难。班超虽然与贵霜王交战，但始终不知其名，以"月氏王"呼之。此后，贵霜王再未敢与中原汉朝直接交锋。

此外，在这位"无名王"时期，贵霜向西扩展至赫拉特，控制了整个河间地区，并羁縻了康居和大宛。"无名王"还统一贵霜钱币，加速了贵霜的经济发展。据史料推测，这位无名王就是当时的迦腻色伽。迦腻色伽统治的时代贵霜王朝达到巅峰，其势力已达到恒河的中游地区，其领土的范围包括中亚的锡尔河与阿姆河直至波罗奈以西的北印度大半部地区，形成与罗马、安息、东汉并列的四大帝国之一。迦腻色伽虽然崇信佛教，但并不排斥其他宗教。在他的钱币的背面可以看到希腊的、苏美尔的、埃兰的、波斯的和印度的神像。这一方面反映了他对宗教的兼容并包的态度；另一方面也反映了他所统治的帝国是广大的。贵霜帝国的建立，为东西方之间的经济来往和文化交流创造了有利条件。

公元2世纪初，贵霜王朝征服印度西北部，成为中亚庞大的帝国。到了公元183—199年，贵霜王朝开始呈露败象，又过了三四十年，贵霜王朝被萨珊王打击后一蹶不振。公元3世纪下半叶，贵霜王朝已瑟缩隐匿在犍陀罗和斯瓦特谷地一带，嚈哒兴起后，贵霜王朝自然衰落。自此，曾经占据"丝绸之路"，地扼东西、势控河西的月氏，便消失在西域境外了。

值得一提的是，对于贵霜王朝的族属学术界还有一种观点，认为五翕侯的族属应是大夏（吐火罗）。两种观点皆有支持的证据，但孰是孰非目前还无定论。

三　丝路上的月氏

月氏人开始以发展畜牧为主，后期农业也逐渐发展起来。生产力提高后，出现剩余产品，这就使得产品开始流通。氏族之间、部落之间进行交换。而掌握大多数产品的首领为了获得更多稀奇产品而与外界进行交换。关于月氏人的外部交换和贸易，按何秋涛先生对《逸周书·王会篇》的研究，其最早的外部交换，应在公元前11世纪，禺知（月氏）向周成王献驹䮗——张掖出产的一种野马；而岑仲勉教授对《穆天子传》的看法是，公元前10世纪禺知（月氏）人蒯柏紧向西游到"焉居、禺知之平"（今山丹、张掖）的周穆王敬献豹皮10张，良马12匹，周穆王回赠"束帛加璧"，这就是月氏人和中原王朝最早的物物交换了。也就是说，可能在周代前期，月氏（禺知）人和中原王朝已有物物交换。

贵霜时期，大月氏人从中国的西北部迁移到巴克特里亚定居，并且同当地吐火罗人融合之后，学习当地发达的灌溉农业，农业产量提高，月氏人有了基本的生活保障，生活安稳。以游牧为主的塞人和马萨格泰人把肉食、鬃毛和皮革运往城市换回他们必需的农产品和生活用品。曾经的游牧民族月氏逐渐向农耕民族转变。

贵霜帝国随着实力不断壮大，经济不断发展，主动扩大与周边其他国家之间的政治联系，加强商业往来。尤其是东西方之间商队道路的开辟更具有重大意义。公元前138年，汉武帝为了终止匈奴不断的侵扰，派出使者张骞出使当时据有巴克特里亚（大夏）的大月氏，希望与其联手共同抗击匈奴。张骞出使月氏可谓历尽千辛万苦，最终未果。但此行却打开了中国通往中亚的大门。同时还有意外收获：一种惊人的新型战马——汗血马，据说此马一旦全力奔驰，其肩胛上就会流出血色的汗水，故而得名。这种马形体高大，速度极快，与当时中国身躯矮小、行走迟缓的马相比更适于作战。张骞将这种马引入中国，在之后的战场上使汉军如虎添翼。此后，苜蓿、葡萄、芝麻、黄瓜和棉花等外域植物品种陆续被引入中国。

公元前119年，张骞再度出使西域，他将中国的丝绸带去，同行的还有其他中国商队，开辟了一条商队道路，这就是中国与罗马之间横贯欧亚大陆的"丝绸之路"。公元1—2世纪是这条商路最活跃的时期之一，贵霜帝国的中心地区成了丝绸之路上的枢纽：西北的赫拉特城，向西通往安息国，向南连接德兰吉亚纳，是这条商道上的一个重要商品集散地。在其都城巴格拉姆遗址出土的文物中，有反映早期印度艺术主题和自然主义的象牙雕刻、中国汉代的漆碗、希腊的青铜制品和玻璃制品。可以证明，当时在东西方之间的贸易往来中，中国的丝绸、漆器、铁器，印度的珠宝、象牙饰物、香料，地中海沿岸的玻璃等工艺品，都是从贵霜过境的；贵霜商人从中获得了巨大利润。贵霜帝国不仅是中转站，当地盛产的青金石、玛瑙，以及优质羊毛、特色地毯、美味干果在西亚也有很好的销路。

自从张骞通西域以后，中国和中亚及欧洲的商业往来迅速增加。通过这条贯穿亚欧的大道，中国的丝、绸、绫、缎、绢等丝制品，源源不断地运向中亚和欧洲，因此，希腊、罗马人称中国为赛里斯国，称中国人为赛里斯人。所谓"赛里斯"即"丝绸"之意。"丝绸之路"被世界承认始于19世纪末德国人李希霍芬将其有关"丝绸之路"多年的研究撰写成的专著《丝路》。所谓"丝绸之路"就是从始于东亚，经中亚、西亚，联结欧洲及北非的这条东西方交通线路，它是亚欧大陆的交通动脉，是中国、印度、希腊三种文化交会的桥梁。

贵霜人对于东西方文化的沟通很有贡献。在这方面，"丝绸之路"也同样具有重大意义。这条商业动脉不仅沟通了人类文化核心区的汉王朝、贵霜帝国、安息帝国和罗马帝国，而且也把罗马的景教、印度的佛教、波斯的摩尼教和琐罗亚斯德教（拜火教）以及后来阿拉伯的伊斯兰教传播到中国。

四　犍陀罗艺术

《三国志·魏书》记载："昔汉哀帝元寿元年，博士弟子景卢受大月氏王使伊存口受《浮屠经》，中土闻之，未之信了也。"这是关于佛经传入中国和中国人学习佛法最早的记载，证实了最早将佛教传入中国的正是大月氏人。

公元 1 世纪，亚欧大陆三大帝国之一的贵霜帝国统一了中亚和南亚的大部分地区，贵霜帝国的建立，打开了南亚与中亚之间的屏障，为佛教的东传创造了有利条件。之后，为了巩固其统治，贵霜统治者利用南亚地区人民信奉的佛教来笼络民心。由于统治者大力倡导，佛教在贵霜帝国迅速发展，已然成为贵霜王朝的国教。贵霜王朝因此成为当时的佛教中心之一，不仅如此，其更大的成就在于创造了影响世界的犍陀罗艺术。

在印度早期的佛教艺术中，虔诚的佛教徒认为佛是神圣的，所以不能将其具象化，否则是对佛的不敬。因此从来没有佛陀释迦牟尼的形象，一般以法轮、菩提树、佛陀的脚等象征标志代表佛陀。在贵霜王朝时期，其中心区域巴克特里亚曾长期受希腊人统治，当地的佛教思想受到希腊艺术精神的影响，用人体来表现对神的尊崇。当时，犍陀罗地区的雕刻家们热衷于雕刻释迦与诸位菩萨的石像，其中最著名的佛像是大约雕刻于 4—5 世纪的两尊巴米扬大佛，东大佛高 37 米，西大佛高 53 米，是世界上最高的立式佛像，玄奘在《大唐西域记》中记载："金色晃曜，宝饰焕烂。"由此，在当地产生了一种新的艺术，就叫作犍陀罗艺术。艺术家们对佛神形象的塑造，使佛教寺院更加充实，佛陀的形象更加具体，信徒们有了明确的膜拜对象，佛教的影响和传播范围进一步扩大。迦腻色伽时代佛教发展最为繁荣，我国东晋高僧法显巡礼印度看到当时贵霜帝国壮丽雄伟的寺院建筑时感慨："凡所经见塔庙，壮丽威严都无此比。"在公元 7 世纪中叶以前，大月氏王朝有了更多的变化，但是对于佛教的崇拜已经超过 700 年，每个王朝都在建佛教寺庙，翻译经文，制造货币，创作了大量的绘画，雕刻出了佛陀形象的塑像。

大月氏所处的地理位置正是横贯中亚"丝绸之路"的枢纽，它不仅在中亚广大的领土上推崇佛教，同时还将佛教东传至中国，贵霜统治者曾派遣僧人到中国境内传讲佛经，在沟通中西文化交流方面起到了十分重要的作用。除此之外，贵霜帝国还与中国及西域各国进行频繁的经济、文化交流，中国的丝绸、漆器、铁器要出口就必须经过"丝绸之路"上的大月氏。

贵霜王朝在中亚和南亚的扩张和发展，不仅促进了中亚和南亚的统一，而且，它的影响力也扩展到周围地区，月氏人积极响应和支持"丝绸之路"，使佛教文化得到发展。从东汉到魏晋，整个"丝绸之路"都被佛教文化所覆盖。

一个王国，总要经历这样的过程，弱小—发展—壮大—建国—侵略—鼎盛—衰落—灭亡，只是时间长短的问题。月氏也不例外，对于其功过，我们实在不好评述。但是其从一个游牧部落到贵霜帝国，这一过程中文化和宗教的发展是值得敬佩的。无论当时的初衷是什么，在客观上促进了佛教在中原的传播，在宗教方面做出了重大的贡献。

第三章　神秘龟兹

一　龟兹在何方

公元 618 年是中国历史的一个分界线。这一年，大唐统一。同时，它也是世界的一个分界点，因为李氏大唐站在长安，顺着从汉时已开辟的"丝绸之路"，看到了向西延展的整个世界。雄心勃勃的李世民首先看见的是一个叫龟兹的国家。

21 年之后，也就是贞观十三年（639），这一年，向来同大唐关系友善的乙毗咄陆在西突厥夺得汗位后，突然开始全面反唐，扣留唐使，攻犯伊州（今哈密）及西州天山县（今托克逊），威胁安西。突厥的继位者控制着十字路口的龟兹以及毗邻初建安西都护府的焉耆，阻挠"丝绸之路"上的商旅往来。

龟兹站在了风口浪尖上。但此时的龟兹国力渐衰，昔日的强大国力已如过眼云烟不复存在。龟兹国像一棵墙头的衰草一样随风摇摆。当兵强马壮的盛唐大军挥师西征时，龟兹国内部首先骚乱，所以这一战注定了龟兹的彻底失败。突厥势力被打垮，昔日西突厥的属国龟兹、焉耆、于阗再次成为大唐附属。

捷报传至宣政殿，太宗大宴五品以上的官员于紫微殿，从容谓群臣曰：

> "夫乐有数种……受赈出征，前无劲敌，此将帅之乐；四海宁一，六合无尘，端拱岩廊，社稷安固，此帝王之乐也，顷命将西征，今已克捷，万里清泰，战士咸得还家，此朕为乐之时。"因赐群臣倾觯，极欢而罢。
> （《册府元龟》卷一〇九帝王部）

历史的车轮并没有停止，转动千年后迎来 1988 年，孤身徒步完成穿越新疆罗布泊全境的余纯顺进入人们的视野：

> 此时此刻，我正在听他的一个录音，那是一个月前他与上海大学生的谈话。他分明在说：欧洲近代的发展，与一大批探险家分不开，他们发现了大量被中世纪埋没的文明。在中国，则汉有张骞，唐有玄奘……现在，世界上走得最远的是阿根廷的托马斯先生，而他已经年老。中国人应该超过这个纪录，这个任务由我来完成。……走在有的路段，每分钟都可能死亡，但死亡不算什么，八年前的我早已死亡，走了八年，倒是从无知走向充实，从浮躁走向稳重，从浅薄走向高尚。重要的不是结果，而是过程，因此，在那远天之下，有我迟早要去的地方……（《余纯顺徒步走西藏》，余秋雨《序》）

探险家终于倒在了罗布泊。正如他预言的，倒下时面对着东方，面对着上海。

望着眼前的"哈迪克"驶过，身后留下一排沉重的马蹄印，沿着这条血洗的印记，余纯顺掸去浮在将军铠甲上的沙尘，捡起戳在沙丘里的折戟，轻轻地推开龟兹国那扇厚重的铁门，重新审度这个昔日在汉、唐时期的西域大国。

有关龟兹本地的历史资料近乎少得可怜，史学界大都以我国的汉文史料作为研究依据：

> 龟兹国，王治延城，去长安七千四百八十里，户六千九百七十，口八万一千三百一十七，胜兵两万一千七十六人。南与精绝，东南与且末，西南与扜弥，北于乌孙，西与姑墨接，能铸冶，有铅。东至都护治所乌垒城三百五十里。（《汉书》）

据此可知，在公元前 1 世纪至公元 2 世纪初（汉朝时）龟兹已是占据天山南麓的城郭王国。龟兹人祖系的根是至少在新石器时代就居住在库车地区的土著龟兹人。他们经历了漫长的原始社会时期。公元前 60 年，汉朝在乌垒城设立西域都护府，包括库车、沙雅、新和、拜城四县范围的古龟兹绿洲和拜城盆地。汉代起，龟兹国都延城就成了王权所在地和贸易集散中心：

> 其城三重，中有佛塔庙千所。王宫壮丽，焕若神居。（《晋书》）

从这些描述中，我们不难从脑海中勾勒出一个与长安城匹敌的大国城郭的辉煌。龟兹古城内现保存土墩三个，称作皮朗墩、哈拉墩、哈喀依墩。皮朗墩位于库车新老城连接大道的南侧，在其旧址发掘出形似大明宫麟德殿的莲花纹铺路石，是龟兹王绛宾在长安居住一年后凭着对大明宫城的记忆，修筑的自己的王宫。

自公元前2世纪至公元864年，龟兹古国在长达1000多年的统治中，在两汉时期同匈奴、汉王朝或战或和，还不得不屈服于匈奴，受其统治达70多年，这风雨飘摇的几十年决定了龟兹国以后的发展。公元647年，唐太宗李世民命大将阿史那杜尔等五人西征。经历两次征伐后龟兹归顺大唐。至此，龟兹结束王朝的动荡。龟兹是西域各国中存在时间最长的王国。龟兹所处的地理位置是一个民族迁徙的走廊，除原始土著人外，来自东西方的不同人种在这里交会融合，在这样的少数民族聚集地，形成了具有共同民族特征与文化心理的新的共同体"龟兹人"：

其王姓白氏，有城郭屋宇，耕田畜牧为业。男女皆剪发垂与项齐，唯王不剪发。学胡书及婆罗门书算计事一事，尤重佛法。（《旧唐书》）

《隋书》里曾记述焉耆、龟兹和疏勒三国都城的位置都在白山之南，这个"白山"均指天山而言。况且，龟兹的先民早就在北方久居过。自公元91年白霸登上王位到8世纪末的白环，基本都是白姓。白姓已成为龟兹国第一大姓。魏晋南北朝时期的五位龟兹王中有位国王其名白纯，著名译经大师鸠摩罗什曾是他幼年时期的玩伴。鸠摩罗什的父亲鸠摩罗炎出身天竺望族，倜傥不群，天赋异禀且有高节，本应嗣继相位，然他不但推辞不就，随后东渡葱岭到龟兹国，与鸠摩罗什之母相识。生下男孩鸠摩罗什。鸠摩罗什的母亲曾告诉他，他将去往东土传经说法，途中将历尽坎坷磨难。家境显赫的鸠摩罗什毅然抛弃荣华富贵，7岁时跟随母亲一同出家。这时候龟兹盛行的是小乘佛教，鸠摩罗什师从造诣颇高的小乘佛教领袖佛图舌弥潜心修行。

二　佛教东传的中心驿站

佛教由罽宾向东越过葱岭，于公元前1世纪传入于阗，而到公元3世纪，西域佛教已比较兴盛，西域很早就存在东西方交通路线，龟兹在佛教传播上扮演了一个中间通道的角色，明确记载的有：

太康五年（公元284年）十月十四日，菩萨沙门法护于敦煌从龟兹副使羌子侯（也有作美子侯的）得此梵书《不退转法轮经》（《阿惟越致遮经记》），口敷晋言，授沙门法乘使流布，一切咸悉闻知。（《出三藏记集》卷七《阿惟越致遮经记》）

太康七年（公元286年）八月十日，敦煌月支菩萨沙门法护手执胡经，口宣出《正法华经记》二十七品，授优婆塞聂承远、张仕明、张仲政共笔受……九月二日讫。天竺沙门竺力、龟兹居士帛元信共参校，元年二月六日重复。同年十一月二十五日竺法护译出《光赞般若经》，元康七年（公元 297 年）竺法护译出《渐备一切智经》，以上二经翻译时，帛元信也都参与协助。太始二年（公元 356 年）天竺菩萨昙摩罗察译《须真天子经》，帛元信参与口传此经。（《出三藏记集》卷八《正法华经记》）

公元 3 世纪末 4 世纪初龟兹佛教已经有了深厚的社会基础，足以在国内传播、生根发芽。

"太岁己卯鹑尾之岁十一月十一日在长安出此比丘尼大戒，其月二十六日讫，僧纯于龟兹佛陀舌弥许戒本，昙摩寺传，佛念执胡，慧常笔受。"此处比丘尼大戒即上引的比丘尼戒本。这里已指明《比丘尼大戒》于己卯岁译出，即晋太武帝太元三年（公元 378 年）在长安译出。如由此再上推 500 多年，即为汉武帝元狩元年左右，可知佛教确于汉武帝时传入龟兹。（《关中近出二种坛文夏坐杂十二事并杂事》）

最早传入龟兹的是小乘佛教，现而今在新疆境内最著名的昭怙厘寺内，钟声齐鸣，讲经布道者云云，梵音不断。在都勒都尔—阿乎尔一个古老藏经书房内，竟找到一个字模子。龟兹，在东西方文明碰撞中，已成了佛教东传的重要港口和驿站。

在龟兹有三种文化遗存具有鲜明的地域特征：古城遗址、石窟和墓葬。克孜尔石窟被看作一部古龟兹文化的百科全书。克孜尔是维吾尔语的译音，是"红色"的意思。

清代学者徐松在他的《西域水道记》中有关于克孜尔石窟的记载：

> 克孜尔石窟比举世闻名的莫高窟还要早三百年，是新疆石窟遗迹中起点最大、保存最好的一处。洞中每个菱格构图就是一个佛教故事，表现的是佛教从西向东传播的历史壮举。十九世纪初，石窟建筑的特点是中心柱式石窟，石窟主室正壁为主尊释迦佛，两侧壁和窟顶则绘有释迦牟尼的事迹如"本生故事"。这些古龟兹国画师们的鸿篇巨作，记录着大约从公元三世纪到公元十三世纪新疆地区历史现实生活的图景。文管所北面半山腰上的76号洞被称为"孔雀洞"，高大的石窟里曾以绘有众多孔雀而知名。现在打开一看这些浸透着古龟兹人血汗的惊世之作不禁会大失所望：石窟正中的一座立塑坍塌，四壁和旧洞上的孔雀画面刀痕累累，疮痍满目。从残存在洞顶上的几只孔雀来看，还是能想象出翎羽艳丽，栩栩如生，群雀于飞的模样。

此处就是建在绝壁上的佛洞，而脚下是渭河恣意地流淌。

1947年5月，画家韩乐然挥笔创作《维吾尔族妇女像》《等丈夫回来吃饭》《背水》等引起国内油画界震动，他发现苦苦追寻的创作源泉是这片神秘的佛教洞窟，为石窟异常的色彩折服，他决心要把这些珍贵的东西永久保存在沙漠绿洲里。在现在编号为第10窟的石壁上还留有当年的两条题记，记述了当年艺术考古的经过，其中一条是这样写的：

余读德勒库克（Von-lecog）著之《新疆文化宝库》及英坦因（Sir-Aurel stei）著之《西域考古记》，之新疆蕴藏古代艺术品甚富，随有入新之念。故于一九四六年六月五日，只身来此，观其壁画，琳琅满目，均有高尚艺术价值，为我国各地洞窟所不及，可惜大部分墙皮被外国考古队剥走，实为文化史上一大损失。余在此试临油画数幅，留居十四天即晋关作充实准备，翌年四月十九日携赵宝麒、陈天、樊国强、孙必栋二次来此。首先编号，计正附号洞七十五座，而后分别临摹、研究、记录、摄影、挖掘，于六月十九日暂告段落。为使古代文化发扬光大，敬希参观诸君特别爱护保管。

这是韩乐然为克孜尔留下的唯一可考的文字资料，是画家心底发出的最真实的呼喊。

文字传颂千年不会褪去，而洞内的壁画却随着千百年恶劣的环境悄然失去昔日的光泽，一时间人们唏嘘不已，感慨古国的往事。鸠摩罗什铜像矗立在克孜尔石窟前，任斗转星移、昼夜更替。漫漫沙城吹拂着高僧的面庞，他的眼睛毅然望着西方世界的那方净土。

三　弘传佛教的大使：鸠摩罗什、玄奘

欧亚大陆的一致性始于古典时期，它的纽带除前面提到的商业，绝大部分是文化。佛教在东西文化交流中起了至关重要的作用，体现在鸠摩罗什和玄奘这两位中国僧人的经历之中。

《出三藏记集》卷十四《昙无谶传》记载：

> 龟兹国多小乘学。

但《出三藏记集》卷十四《鸠摩罗什传》载：罗什"后于雀离大寺读大乘经"，则其间此寺属性或有所变化，不甚明了。

在印度本土产生的是小乘佛教。到公元前3世纪阿育王统治时期，才开始大乘元前思想的萌芽。公元1世纪，以龙树为代表的空宗，即中观派的理论才开始产生，使传统上是以小乘佛教占优的龟兹发生革命性的转变，龙树入关弘法之前，在以龟兹为中心的西域北道诸国中广兴大乘，使龟兹的大乘佛教一时间名满西域，为这一古老的佛教中心赋予了更新的含义。

到了南北朝时期佛教形成两大派。印度大乘佛教的瑜伽行者派，即所称的有宗派别也开始形成，这一派的创始者是弥勒（约公元350年—公元430年），这一派的著名学者如陈那（公元6世纪）和法称（公元7世纪）主张讲因明，必须讲因果关系，在因果关系中就包含着一些辩证法的因素。释迦牟尼首倡的十二因缘，就包含着某些辩证法的因素。因而大乘初期的创始者龙树是反对和歪曲因缘论的，他指说十二因缘证明了一切事物都不真实。而弥勒为首的有宗却承认"人类所有的成功的活动都必须以正确的知识为前提。正确的知识有两种：一种是知觉，一种是推理"。小乘和大乘教争论的关键在于须通过什么手段和途径才能成佛。当释迦牟尼创造佛教时，首先肯定只要服膺他的教导都可成佛，但要经过累世修行，积累功德，才能成佛。这就必须经过艰苦努力，锲而不舍，才能到达天国，因而有些人望而却步，这样就阻碍广吸门徒，不利于佛教的传播。大乘空宗是针对小乘的过于清苦和戒律严格而应运产生的。

因为大乘空宗不要求累世修行的艰苦努力，只需皈依三宝，礼拜如来，就能达到目的。可是空宗把什么都空了，不仅不承认物质的存在，甚至连佛教徒赖以寄托的真如、佛性、涅槃等都空掉，这对吸引老百姓也失去了应有的诱惑力。

鸠摩罗什是十六国时期著名的佛学思想家和佛经翻译家，7 岁出家，因当时龟兹流行小乘佛教，他所学也是小乘，这时的鸠摩罗什还处在研习小乘佛教中。他聪颖异常，从师口诵日得千偈，三万两千言。12 岁时随其母返回龟兹途中，于沙勒（即疏勒），遇到大乘名师、莎车王子须利耶苏摩，听到"苏摩在隔壁房间读大乘经，听到什么空啊，不可得啦"，很是诧异，觉得这与自己所学的有部阿毗昙不同，于是就过去请教，与他辩论，结果接受了苏摩的观点，学习《中论》《十二门论》等大乘性空经论。从而皈依了"方等"，遂由小乘杂学转向大乘中观派。他在随母亲东到印度时曾说：

> 方等深教应大阐真丹，传之东土唯尔之力。（《高僧·鸠摩罗什传》）

母亲鼓励罗什把佛教东传至内地。他即定下去东方传播佛法的决心。

鸠摩罗什回龟兹后，住在王新寺，诵读大乘经论，宣传大乘教义，一时声名鹊起：

> 西域诸国咸服罗什神俊，每至讲说，诸王皆长跪坐侧，令罗什践而登焉。（陈应时《论西域五旦七调》）

随着西域与中土交往的频繁，鸠摩罗什的名字传入了中原。当时名僧道安力劝前秦君主苻坚派人迎接罗什入中土，于是苻坚在派大将吕光征西域时，即嘱其破龟兹得罗什后，立即驿送长安。可是吕光素不敬佛，公元384年攻陷龟兹，得罗什后"以凡人戏之"，强妻以王女，使其亏节。后被吕光带返凉州，因吕光父子不弘扬佛教，鸠摩罗什只能"蕴其深解，无所宣化"。鸠摩罗什羁留凉州达17年。公元401年后秦姚兴遣姚硕德出兵西伐凉州，击攻吕隆，始以国师之礼，迎鸠摩罗什入长安，住入西明阁及逍遥园，那时他已是57岁，姚兴为鸠摩罗什组织了庞大的译经集团和讲经活动：

> 兴少（达）崇三宝，锐志讲集。什既至止，仍请入西明、僧迁、法钦、道流、阁及逍遥园，译出众经于是兴使沙门僧䂮人咨受什旨。更令出《大品》，什执道恒、道标、僧睿、僧肇等梵本，兴执旧经，以相雠校。（《高僧·鸠摩罗什传》）

佛经初传中原时，是对照梵文一字一句直译过来的，因为梵文的词序和汉语完全不同，语法结构也不一样，因而直译文体佶屈聱牙。

经鸠摩罗什重译的佛典，被人们称为"新经"，成为流传最广、最久远的译本。大量正名工作，《大品经序》就指出：

> 其事数之名与旧不同者，皆是法师以义正者也。

他注重概念在语言上的转译，为方便起见，凡"胡音失者，正之以天竺，秦之谬者，定之以字义，不可变者，即而书之，是以异名斌然，胡音殆半，斯实匠者之公谨，笔受之重慎也"。在意译方面力求名实正确，在音译方面，则以天竺为准，纠正过去在诵经讲义概念上的混乱。

慧皎指出：鸠摩罗什译风"不严于务得本文，而在取原"。《高僧·鸠摩罗什传》中进一步指出："什既率多谙诵，无不意。"

弘始五年（公元 403 年）鸠摩罗什于逍遥园始译佛经："法师手执胡本，口宣秦言，两译异音，交辨文旨。秦王躬攒旧经，验其得失，咨其通途，坦其宗教。与诸宿旧义沙门……五百余人，详其义旨，审其文中，然后书之，以其年十二月十五 日出尽。"弘始六年（公元 404 年）四月，对《大品经》又做一遍检校。到弘始七年（公元 405 年）十二月，《大智度论》译完后，互相对照，对《大品经》又做了一次改正。由此可见他对翻译经书的严谨态度。

至弘始十五年（公元 413 年）鸠摩罗什圆寂于长安大寺，时年 70 岁。这位高僧身后留下译经 74 部，384 卷。他对中国佛教的宗教哲学和教义的形成做出了极大的贡献，且对后世产生了深远的影响。中国佛教学派和宗教所依据的重要经典主要是依据鸠摩罗什时期翻译成汉文的经书，如大小品《般若经》的重译和《大智度论》的新译，译文流畅，促成了大乘佛教般若学说的传播。中国佛教与印度佛教的关系不是简单的"移植"，而是一种"嫁接"，这种局面的形成要归功于鸠摩罗什。

鸠摩罗什是佛学东传的大使，而另一位弘传佛法的使者，是不远万里西去求学。这就是不畏艰辛，誓去天竺（今印度）求取真经的玄奘法师。13岁的玄奘在洛阳度僧，同长捷法师前往长安，在讲法的过程中，他发现经书出入甚大，阐释各异，使得他下定决心去天竺求取真经。玄奘一路沿"丝绸之路"北道经高昌来到龟兹，国王听说是东土大唐圣僧竟出城亲自迎接，犹如过节一般，举国欢腾。国王信奉佛教，希望高僧广泛弘法布道，多留些时日再走。在此期间，龟兹国连降大雪，狂风怒号，商路已断，玄奘要继续西行已然是不大可能。利用这段时间，玄奘潜心研究龟兹和西域佛法与中原的不同，大量阅读鸠摩罗什留下的佛教经义和翻译论著，了解佛教经天竺传入中原的各种珍贵资料。他所描述的昭怙厘寺呈现一番奇妙的场景：

　　城北四十余里，接山阿，隔一河水，有伽蓝，同名昭怙厘，而东西相称，佛像装饰，殆越人工，僧徒清肃，诚为勤励。（《大唐西域记》卷一）

玄奘逗留了60多天，待雪后初晴便恋恋不舍，辞别龟兹国继续西行。

送行庆典在昭怙厘大寺内举行，僧人献上鲜花和葡萄琼浆以示敬意，随即是极具龟兹特色的大歌舞戏《苏幕遮》，还有气势磅礴的"五方狮子舞"。

四　来自天国的龟兹乐舞

我国古代文献将内传的龟兹乐舞精粹简称为"龟兹乐"：

> 其歌曲有善善摩尼，解曲有婆伽儿，舞曲有小天，又有疏勒盐。其乐器有竖箜篌、琵琶、五弦、笙、笛、箫、革菜、毛员鼓、都昙鼓、贝等，十五种为一部，工二十人。（《隋书·音乐志》）
>
> 龟兹者，起自吕光灭龟兹，因得其声。吕氏亡，其乐分散。后魏平中原，复获之，其声后多变易。至隋，有西国龟兹、齐朝龟兹、土龟兹等，凡三部。（《隋书·音乐志》）

公元439年，北魏击灭北凉，北魏又分裂为东、西两国，后又被北齐和北周所代替。龟兹乐在北魏一直兴盛不衰，乐工和舞人不断吸收当地的优秀成分，经过长期的增益和改进，产生了三种各具特色的"龟兹乐"：西国龟兹，齐朝龟兹和土龟兹。所谓"西国龟兹"，指北周时最后传入内地的龟兹乐，它严格保留着纯粹的龟兹国本色的乐舞；所谓"齐朝龟兹"，则指渗透了我国东北民族特色的北齐境内流行的龟兹乐。所谓"土龟兹"就是北周境内流行的含有西北民族特色的龟兹乐。

西行的玄奘在《大唐西域记》中曾提到：

> 屈支国（即龟兹）……管弦伎乐特善诸国。……瞿
> 萨旦那国（即今和阗），国尚音乐，人好歌舞。

　　由此可见龟兹乐在西域乐曲中占据的重要位置。龟兹自古以来就是多民族聚居，多种宗教流行，各种文化碰撞、融合。龟兹地区的乐舞，以它欢快的节奏，明朗健美、妩媚风趣、变化丰富的舞姿，俏丽动人的眼神和充满激情的表演在隋唐之际形成丰富多彩、特色浓郁的西域乐舞。

　　白居易在他的《胡旋女》诗中用"臣妾人人学圜舞"形容龟兹乐的风靡流行。

　　随着唐朝的兴盛和"丝绸之路"的畅通，西域乐舞以其强劲的艺术魅力传入中原，给盛唐艺术注入新的活力，在唐"十部乐"中具有重要地位。来自西域和西部的乐舞有《龟兹乐》《醉浑脱》《菩萨蛮》《南天竺》《望日婆罗门》《苏幕遮》《柘枝引》《穆护子》《西国朝天》《北庭子》《甘州子》《酒泉子》《沙碛子》《镇西乐》《西河剑器》《赞普子》《蕃将子》《胡渭州》《定西蕃》《伊州》《凉州》等。唐开元、天宝年间，西域乐舞盛行的局面达到极盛。①

> 开元来，太常乐尚胡曲。西域乐舞不仅在宫廷乐曲中升入坐部伎，而且流行乐府，侵渍人心，渗入朝野里巷，其影响已不可复浣涤也。（《新唐书·舆服志》）

　　最著名的俗曲《龟兹大武》，是为龟兹国大型武舞所配

---

① 刘玉霞：《唐代艺术与西域乐舞》，《西域研究》2002 年第 12 期。

奏的乐曲。据悟空译《十力经序》说，安西境内（指龟兹国）有耶婆瑟鸡山，山上有水，滴溜成音，每岁一对探为曲，曲名即叫"耶婆瑟鸡"。"耶婆"为龟兹语"山"，"瑟鸡"为龟兹语"泉"。此山泉当指今克孜尔石窟的"泪泉"。春季水大，汩汩而流，龟兹人探其音为揭鼓曲，揭鼓曲的"耶婆瑟鸡"已失传。琵琶曲的"耶婆瑟鸡"则更名为"高山流水"，至今仍流行于我国民间演奏，成为民乐十大古曲之一。[1]

随着宫廷乐部的发展，杂糅了汉、完、月氏、羯、鲜卑、匈奴诸多民族文化因子的《西凉伎》已逐渐发展完善，成为一部包含了众多西凉乃至西域地区代表性乐舞的大型部伎乐舞，在宫廷乐舞中占有重要的地位。

三种龟兹乐到隋时，由隋文帝初置将其一分为七部伎，在宫廷乐部内进行表演，《西凉伎》名列第一，随其后的有《清商伎》《高丽伎》《天竺伎》《安国伎》《龟兹伎》《文康伎》。《西凉伎》最初承北魏旧称，称为《国伎》，后隋炀帝重置九部伎时将其改回《西凉》，并对几部伎乐舞进行了调整，在七部伎原有乐舞基础之上，去掉了《文康伎》，加入了《康国》《疏勒》《礼毕》三部，组成九部伎。

唐代历史学家杜佑对此西域乐舞盛行表达出强烈的不满：

　　胡舞铿锵镗鞈，洪心骇耳，抚筝新靡绝丽……初声

---

① 钱伯泉：《源远流长的龟兹乐舞》，《龟兹学研究（第二辑）》2007 年第 1 期。

颇复闲缓，度曲转急躁……感其声者莫不奢淫躁竞，举
止轻飙，或踊或跃，乍动乍息，跷脚弹指，撼头弄目，
情发于中不能自止。（《通典·乐二》）

根据杜佑生动的描述，我们在千余年后还能清晰地勾勒
出当时风行于中原的"胡舞"风韵，那独具特色的弹指，移
颈动头，敏捷的跳跃，急促的旋转等舞蹈动作，至今还出现
在中亚（包括新疆）地区的各民族民间舞蹈中。可见西域乐
舞功力之深厚，历史之悠久。

隋唐宫廷内所谓的"龟兹乐"仅仅是龟兹乐库壮丽瑰宝
的极小部分。唐依旧沿用隋时九部乐的宫廷燕乐表演形式。
后经唐太宗增《高昌》，造《燕乐》，去《礼毕》，形成了包
括《燕乐》《清商》《西凉》《天竺》《高丽》《龟兹》《安
国》《疏勒》《高昌》《康国》在内的庞大的十部伎。

中宗景龙四年（公元710年），雍王李守礼的女儿金城
公主下嫁给吐蕃赞普尺带珠丹。随军到来的还有来自龟兹的
杰出音乐家——白明达。这位经历隋炀帝到唐高祖、太宗、
高宗四代的音乐家，深受皇帝和百官喜爱，经他创作的新歌
曲有《万岁乐》《藏钩乐》《七夕相逢乐》《投壶乐》《舞席
同心髻》《玉女行觞》《神仙留客》《掷砖续命》《斗鸡子》
《斗百草》《泛龙舟》《还旧宫》《长乐花》及《十二时》
等，成为宫廷演奏的保留曲目。

金城公主出嫁时中宗赐给她"锦缯别（百）数万，杂伎
诸工悉从，给龟兹乐"。（《新唐书·吐蕃传》）

由此可见，"龟兹乐"已然成为沟通中原同少数民族地
区的纽带，并随公主嫁到了西藏高原。这种开放的、跳动

的、欢快的龟兹乐舞不仅风靡中原，还被带到朝鲜、日本、西亚、南亚各地，一时龟兹乐舞盛行开来。

克孜尔千佛洞 38 号洞窟的《天宫伎乐图》是龟兹乐舞的集大成者。环绕中心石柱的洞窟四壁上绘有各种舞蹈姿态，有的托花盘、有的吹排箫、有的弹琵琶、有的舞花绳等。

从历史典籍中搜寻龟兹乐舞的声影是一件大伤脑筋的事情，好在龟兹古国的舞蹈被恢宏的石窟完好地记录保存下来，供后人瞻仰。

龟兹石窟始建于公元 3 世纪，止于公元 12 世纪，早于莫高窟 300 余年。就窟形而言，有支提窟、大像窟、讲经窟、毗诃罗窟、仓库窟。这些龟兹壁画不仅是佛教艺术的重要组成部分，还是研究龟兹历史文化的珍贵资料。龟兹石窟壁画中的飞天形象，多是跃动瞬间的空中姿态，以男性表现，既突出了西域屈铁盘丝描的画风，又重视了用线，一扫印度半乳圆腰的女性飞天行象；描绘的人物面部已都是圆脸广额、鱼目粗脖的龟兹人物特征；色调上的明暗、冷暖对比已不如印度飞天那样强烈。龟兹壁画舞蹈形象里大量运用彩带和披纱，数身的彩带和披纱随舞飘逸，为舞姿造型增添了美感与动感。龟兹壁画舞蹈形象中的彩带和披纱是中原善于舞绸对龟兹的深远影响。

龟兹乐舞体现出强烈的开放气度和民族自信，是东西方艺术交流的历史画廊，历经千年依旧如新。龟兹壁画与东方的敦煌呼应，成为"丝绸之路"上璀璨夺目的明珠。

第四章　西辽帝国

一　亡命大漠

公元1124年，此时地球上的已知世界依旧是一片战火，欧洲的苏格兰国王亚历山大一世血腥镇压了苏格兰北部起义，神圣罗马帝国皇帝亨利五世侵犯法国兰斯，遭遇法国国王路易六世率兵抵抗，远在遥远东方的亚洲大陆也鲜有和平的宁静，席卷中国赵宋王朝半壁江山的方腊、宋江起义已经持续3年，宋徽宗赵佶依旧在诗词书画的世界中舞文弄墨不理政事，位于中国北部的两大少数民族政权金国与辽国的战争已经进入决战阶段，在经历数次战役之后，胜利的天平开始向金帝国倾斜，以完颜氏为首的女真人灭辽的时刻已指日可待。

就在辽国即将覆亡的前夜，在中国北方的大漠深处，一支神秘的队伍的身影渐渐浮现在漫漫黄沙当中，走入人们的视野。

这支只有区区200人的部队，是由一位叫作耶律大石的契丹人所率领，在不久以前，此人尚为大辽都统，在辽金战争处于劣势之时，曾向大辽末代皇帝天祚帝耶律延禧进谏不可强行收复金人所占之地，据此《辽史》记载："向以全师不谋战备，使举国汉地皆为金有，国势至此，而方求战，非计也。当养兵待时而动，不可轻举。"

被后人称为"耽酒嗜音，禽色俱荒，斥逐忠良，任用群小"的辽天祚帝非但不听从耶律大石的劝阻，反而执意率领残兵亲征，耶律大石深知天祚帝不可能恢复契丹先祖所创下的基业，在经过周密的考虑后，决定为契丹王朝留下最后残存的一点实力，于是在诛杀奸臣萧乙薛和坡里括之后，率领200名精骑与牛羊600头，连夜离开天祚帝的营帐，向西出走。

这支没有后勤供应、背井离乡，却背负着延续大辽国祚使命的小股部队，也并非在大漠深处漫无目的地流浪，他们所要寻找的，是一座只存在于传说当中的城市——可敦城。

然而没有人知道可敦城的详细位置，这座城市的存在一直是一个谜，契丹普通居民甚至不知道在自己生活的国度还存在着这样一座城市，只有处于辽帝国权力核心的少数人才知晓这座城市的存在，但也仅仅是知道其存在而已，至于这座城市在大漠当中的具体方位，对于当年仓皇出走的耶律大石而言，只有天知道。

既然是如此虚无缥缈的一座城市，那么耶律大石为何仍然执意寻找呢？

对于可敦城的历史记录，最为详细的也不过是见于一个多世纪之后的公元1343年，由元朝宰相脱脱所主持编纂的《辽史》中寥寥几笔一句带过：

统和二十二年（公元1004年），六月戊午，以可敦

城为镇州，军曰建安。(《辽史·圣宗纪》)

从古代典籍当中，人们不难发现，在大辽立国之初，可敦城就是一座重兵布防的军事重镇，在今天的世界地图上，人们可以找到可敦城的位置，即今天蒙古人民共和国乔巴山市，而在当年，这一地区周围四散分布着蒙古、回鹘等诸多游牧民族部落，事实上，大辽政权无论盛衰，都相当重视对其西北方向少数民族聚集之地的控制，因此不断加强在这一地区的军事存在，在兵力最为雄厚时期，可敦城兵力一度高达2万人，而历史上大辽的皇帝们也曾经数度颁发圣旨，国家无论遭遇何种灾难，情况无论有多么危急，可敦城的2万兵马都不许出动。甚至，当辽天祚皇帝动员全国残兵，不惜一切代价寻求与金国决战的最危难关头，屯驻在可敦城的精兵良将依旧没有接到出兵支援的命令。当辽国灭亡后，在耶律大石抵达之前，可敦城的军事实力依旧属于当时中国西北地区的翘楚。

由此背景下，耶律大石自发深入大漠，苦苦寻找可敦城，也正是要找到这座大辽最后的据点，以此为基地，达到再度延续大辽国祚的目的。

此时大辽在如今内蒙古东部与山西地区，与金的战略决战正打得难解难分，虽然辽天祚帝在初期获得了一些小型胜利，但是大辽颓势已经凸显。而在西部地区，耶律大石仍然在寻找可敦城的路上风餐露宿。所幸大辽此时在西部尚存些许声望，因此受到了沿途高昌回鹘等西域小国的鼎力协助，在苦寻可敦城而不得的情况下，耶律大石甚至做好了借道西域诸国，向更西地区行进，投奔中亚回教王国的打算。在

《辽史》中人们发现了耶律大石写给高昌回鹘国王的信件，其中提到：

> 是与尔国非一日之好也。今我将西至大食，假道尔国，其勿致疑。(《辽史》卷三十《天祚皇帝四》)

耶律大石信中所提及"大食"，便是公元 11 世纪在中亚地区盛极一时的、由突厥人建立并信奉伊斯兰教的喀喇汗国，此时该国已经由盛转衰，但在辽国的阴影下，依然是耶律大石的最后一根救命稻草。

然而耶律大石最终没有因为无法找到可敦城而转投喀喇汗国，否则之后一个世纪的丝路历史都将改写，耶律大石幸运地找到了在可敦城附近地域活动的白鞑靼部落，同高昌回鹘的协助相同，在辽帝国尚存的威望之下白鞑靼部也热情地向耶律大石伸出了援助之手，人困马乏的耶律大石在白鞑靼部休整一段时间，带着跟随自己的 200 名契丹武士和白鞑靼部所赠予的 20 头骆驼与 400 匹战马再度踏上旅途。

值得一提的是，这里的白鞑靼部实际上属于散落于北方大漠中诸多蒙古部落的一支，真正的名称是汪古部落，在耶律大石满载着汪古部族好客的心意离去的数十年之后，一个一无所有的蒙古乞颜部青年来到汪古部寻求帮助出兵夺回自己被抢走的妻子，同样是在热心的汪古部落的帮助下，这个叫作孛儿只斤·铁木真的青年就此在这里踏上了统一整个蒙古大漠的征程，之后成了世界历史中如雷贯耳的"一代天骄"成吉思汗。

在率兵出走半年后，耶律大石最终找到了存在于大漠深处的大辽北疆军事重镇——西北路招讨司驻地可敦城，此时已是公元1125年的春天，不久以前，东部辽金前线有消息传来，大辽天祚皇帝兵败后在逃往西夏的路上被金军俘虏，大辽宣告灭亡，女真人开始全面接管契丹人的土地。可敦城群龙无首的2万契丹将士悲痛欲绝，士气极端低落。

耶律大石的到来，极大地鼓舞了可敦城将士们的士气，作为辽太祖耶律阿保机的第八世孙，有着大辽皇家血统的耶律大石此时自然而然地背负起了契丹人复国的重任。来到可敦城的耶律大石因自己的翰林身份被当时契丹遗民尊称为大石林牙，而这些遗民无不希望大石林牙带领他们恢复自己祖先的光荣，因此在到达可敦城之后，耶律大石所做的第一件事，就是召集附近所有契丹地区和亲辽部族的七州十八部长官会议，商讨大辽复国事宜，在会议上，耶律大石对着群情激奋的契丹遗民们说道：

> 我祖宗艰难创业，历世九主，历年二百。金以臣属，逼我国家，残我黎庶，屠剪我州邑，使我天祚皇帝蒙尘于外，日夜痛心疾首。我今仗义而西，欲借力诸蕃，剪我仇敌，复我疆宇。惟尔众亦有轸我国家，忧我社稷，思共救君父，济生民于难者乎？（《辽史》第三十卷 本纪第三十《耶律大石》）

在故国遗民们的一致支持下，耶律大石在可敦城被诸部落奉为盟主，自立为王，为了收拢人心，他依然尊天祚帝为大辽皇帝，然而自己仅凭可敦城的2万兵马复国是远远不够的，而金国此时惊觉远在天山之外居然还有一支人数过万的契丹军事力量存在，因此进兵追剿，金国的铁蹄正在向可敦城进发，耶律大石所面临的威胁正在快速逼近，因此耶律大石急需找到一个更加安全的落脚点，耶律大石焦急地在地图上看来看去，似乎天下之大，而面对金人的追杀，自己却也无藏身之地。

这时耶律大石想到了一个地方，那就是位于自己西部由突厥人建立的喀喇汗王朝，这个帝国素来与大辽通商联姻，更与耶律大石本人有远亲关系，而此刻喀喇汗国内部被内讧所困扰，因此耶律大石决定弃守可敦城，继续向西，在局势混乱的西域中亚地区打开一番新局面，而此时做出此决定，距耶律大石来到可敦城休养生息，已经过去 5 年。

二　前世今生

耶律大石已经踏上了中亚的土地，熟知华夏文明的大石不可能不知道，在自己来到此地的 3 个世纪之前，这里还曾是盛唐帝国的势力范围，当时此地的信仰还以佛教为主，曾经遍布城镇的佛堂如今已被清真寺所替代，300 年的世事变迁使这里无人再诵经念佛，葱岭以西，唯有真主至大。

不知从小接受儒家与佛学教育的耶律大石当年来此会作何感慨。

今天对于中亚地区伊斯兰化的课题依然是史学界较感兴趣的领域之一，而目前人们普遍认为导致这一地区宗教信仰转变的分水岭事件，便是公元 751 年唐帝国与阿拉伯帝国在此地进行的怛罗斯之战，而怛罗斯之战爆发所导致的在之后很长时间内中亚地区的信仰成型，在伊斯兰教于阿拉伯半岛复兴之初，便已埋下了伏笔。

公元 6 世纪末至公元 7 世纪初期，西亚地区阿拉伯半岛的原始氏族部落社会开始逐步解体，阶级社会的形成呼之欲出，在社会变革的背景之下，部落间的贫富差距开始扩大，贵族阶层开始渴望打破氏族壁垒以获取更多的土地，底层人民与奴隶则要求安宁的生活，传统部落间的多神信仰已无法满足各阶层的统治需要与精神需求，因此，"先知"穆罕默德在阿拉伯半岛复兴伊斯兰教，以宗教革命的手段建立统一封建帝国，是古代意识形态中社会统一与改善经济状况的强烈诉求在宗教领域的反映。

公元 632 年，穆罕默德基本实现了整个阿拉伯半岛的政教统一，以伊斯兰教为核心的阿拉伯帝国宣告建立，之后阿拉伯人开始以"圣战"的名义向外部世界扩张，在扩张的同时也对非伊斯兰信仰地域实现伊斯兰化，对于"伊斯兰化"，美国学者菲利普·希提于 20 世纪 30 年代曾在其著作《阿拉伯通史》中概括为三点，即非伊斯兰地区在政治上对穆斯林的归顺、非伊斯兰地区改宗伊斯兰教、对非伊斯兰地区进行语言同化。而 7 世纪阿拉伯帝国对外扩张阶段对征服地域的政策几乎都涵盖了上述三点，甚至可以认为，阿拉伯帝国的扩张即意味着伊斯兰教的扩张，这与同属一神教的基督教地域和崇尚多元文化的佛教地域产生了极大对比。

由于所在地域的特殊性，被东西方世界所夹击的阿拉伯帝国，在对外扩张时也形成了对东西方两个拳头出击的态势，在鼎盛时期，阿拉伯帝国版图西至大西洋沿岸，东至中国大唐西部边境，成为人类历史上东西跨度最长的国家。

公元 750 年，阿拉伯帝国在内乱的倭马亚王朝基础之上，建立了阿拔斯王朝，此时西方的拜占庭帝国国力日衰，无力与阿拉伯帝国对抗，伊斯兰教势力因此深入欧洲，与此同时，阿拉伯帝国开始向东扩张。来自巴格达的穆斯林们到达中亚后发现，这里的人民普遍信仰佛教，而信仰佛教的原因，直接来源于中亚西域小国背后的庞然大物——唐帝国。

自从汉代佛教自"丝绸之路"传至中国以来，沿途所有国家均信奉佛教，而汉代至唐代的近 700 年时间当中，由于中国的强盛，使得中亚地区一直为中国的势力范围，而中国势力在此也为佛教在这里的巩固铺平了道路，尤其到了唐代，繁盛国力的震慑与相同宗教信仰的意识形态，更使唐朝成为西域各国争相朝贡的对象。

一边是佛教徒对强盛中华大地的畏惧与钦慕，一边是穆斯林们的虎视眈眈，夹在中国与阿拉伯帝国之间的中亚地区就这样成了二虎相争的口中的肥肉，在东方帝国与阿拉伯帝国紧张局势一触即发之时，公元 751 年夏，以大唐安西四镇节度使高仙芝借口"无番臣礼"派兵血洗西域小国石国为导火索，阿拉伯帝国军队在石国王子的请求下进入大唐安息四镇之一碎叶城附近怛罗斯地域（今哈萨克斯坦塔拉兹附近）与高仙芝率领的唐军展开激战，战役以唐军全军覆没而告终，在唐人杜佑所著《通典》一书中，对此战有略微记载：

我国家开元、天宝之际，宇内谧如，边将邀宠，竞图勋伐。碛西怛逻之战，高仙芝伐石国，于怛逻斯川七万众尽没。（《通典》）

从后世的眼光看待怛罗斯之战的爆发，在政治上，这是当时世界上最强大的东方帝国西进，与最强大的西方帝国东进后在中亚地区两强的有力碰撞。而在宗教领域，可以视为伊斯兰教向东扩张后遭遇佛教文化所产生的必然后果。

怛罗斯之战的结果，使唐帝国的势力彻底退出了中亚地区，即便这场失败对于处在巅峰时刻的唐帝国而言是完全可以承受的，唐军重整旗鼓再次将中亚夺回也不无可能，但四年后（公元755年）安史之乱使唐帝国彻底陷入了漫长的国力衰退期，八年内乱结束后唐帝国内部又陷入宦官专权与"牛李党争"的权力倾轧旋涡而不能自拔直至灭亡，唐朝灭亡后再度分裂的中国更是对西域之地望尘莫及。因此，怛罗斯一败，使以中国为代表的佛教文化彻底淡出了中亚历史，中亚地区的宗教信仰，也因此转变为伊斯兰教直至今日，而穆斯林们在此地的苦心经营，也的确为伊斯兰文化的成长提供了客观环境，之后无论沧海桑田时代变迁，再也没有人可以改变这一地区的宗教信仰——后来的蒙古人没能做到，崇尚多元文化的现代人不会这么做，而自幼受汉族文化熏陶的耶律大石也没有这么做。

至于耶律大石来到中亚后为何不改变此地的宗教信仰，我们稍后提及。

在耶律大石带领契丹遗民继续踏上西行的道路之前，我们有必要思考一个问题——为何历代中国北方王朝的战略机遇都在西域之地？

纵观世界历史，处于中国北方的王朝一旦遭遇危难时刻，首先便会将自己的目光投向西方，在西域打开战略缺口，历史上诸如此类的例证不胜枚举，例如西汉时期汉武帝刘彻为"断匈奴右臂"而两次派遣张骞出使西域，东汉王朝为消除来自匈奴的威胁，也曾派遣班超出使西域，唐代中期为树立帝国在中亚地区的权威，甚至一度与阿拉伯人在西域大打出手，这些历史上的帝国都有一个共同点，那就是它们将帝国的势力触手伸向西域之地时，都恰逢帝国内部发展出现瓶颈期，而这些帝国的势力延伸至西域后，帝国战略的瓶颈也随之而化解。与东方帝国遥相呼应的欧洲也如此，中古时代的欧洲王国也曾经将中亚与西亚地域作为打开自己战略瓶颈的缺口，无论这样的瓶颈源自宗教还是贸易，只要以此为借口将自己的势力扩展到世界东方，导致的文明碰撞结果无论胜败，都会为欧洲带来巨大的财富利益，由此我们似乎能够发现，"丝绸之路"沿途的西域诸国，似乎总是东方世界与西方世界解决自己王国所出现问题的最佳途径。

汉族王朝如此，由起源于白山黑水间的契丹人建立的辽帝国也依然如此，由于大辽立国之初行"五京制"，同时设立南面官与北面官，在政治制度上多仿照唐宋，因此较为成功地发展了农业经济，与北宋的数度军事冲突，俘获了大量汉族人口，使得大辽内部人口的民族与职业的异质性得到了极大加强，因此具备了建立农业帝国的基本行政单位"城市"的条件。政治制度与行政模式的汉化，让大辽从根源上脱离了草原游牧部族的属性，使之看上去更像是汉族王朝在北方的变种旁支，而其在中国北方控制的大片领土，让大辽在遭遇来自外部势力的威胁时，更能像个成熟的汉族帝国那样进行全局范围的战略思考。

这种全局范围内的战略思考，对于历史上的那些农业帝国（汉族王朝与类汉族王朝）而言，很多时候它们所做出的决策在地图上都可以用简单的四个字来概括——一路向西。

从小接受汉化教育，更是大辽立国218年间唯一一名契丹族科举进士的耶律大石很明白，自己的国家遭遇了无法承受的打击，若想复国必须另辟蹊径，漠北深处的可敦城虽然此刻兵强马壮，但毕竟不是久留之地，时间一长必将被金国团团包围，对于如何打破这一战略瓶颈，熟读汉族史书，拥有汉族思维的耶律大石在深入研究地图后得出了与前人一致的结论——向西。

那么西边到底有什么，值得农业帝国在超过千年的时间跨度里无数次地踏上向西的征途呢？

首先是古代地缘政治因素，蒙古大漠以南地区一马平川的肥沃土地使得中国北方少数民族在历史上无时无刻不在对其垂涎三尺，可敦城虽然远在大漠深处，但辐射在其周围的大片草原依旧有极大的放牧价值，在女真所控制疆域范围大致成型之后，必然会对可敦城附近发动进攻，而后来金人对其的数度进攻也印证了这一点。如果进入西域地区，中亚险峻的群山与遥远的路途必然阻碍金兵的追杀，而盘踞在中亚地区错综复杂的诸多政治势力也使威胁势力不敢深入其中。农业帝国一旦遭遇来自游牧民族的威胁，进入与游牧部族势力相邻的西域地区，顿时会产生扑朔迷离的地区形势，将水搅浑，这在一定程度上不失为一种自保途径。

其次，政治经济利益也是驱动农业帝国不断经营西域地区的原动力之一，自汉代张骞"凿通"西域以来，以丝绸为主要运载货物的商队在这条道路上络绎不绝地行走着，大量的丝绸经过这条道路到达中亚诸国与西亚地区，再从那里进入欧洲，换回玻璃等舶来品，这样的贸易为东方农业帝国带来了巨额收入，而一条友好安全的贸易路线是一切经济利益的保障。另外，源于儒家"王道"思想而形成的中国古代藩属朝贡体系，讲求"万国来朝"的鼎盛国家理念，而古代中国大部分藩属国都来源于自公元前 2 世纪起便开始向中国朝贡的西域诸国，历史上农业帝国国力一旦进入鼎盛时期，必然会恢复对西域的控制以彰显自身大国权威。此时在西域诸国有着广泛号召力的耶律大石不仅需要控制西域商路以武装军队，同时更是意在恢复大辽覆亡前对西域地区的政治影响力。

最后，与耶律大石此后西征相关的潜在原因，源于古代意识形态——宗教，撰写公元 13 世纪蒙古及中亚历史的波斯历史学家志费尼曾经认为耶律大石在到达可敦城后"秘密地成了一名穆斯林"，而耶律大石本人与信奉伊斯兰教的中亚国家喀喇汗王朝的亲戚关系，也不难猜测他进入中亚地区也许带有相当隐晦的宗教目的。然而西域地区在公元 16 世纪中叶之前，各国人民所信奉宗教不尽相同，佛教、摩尼教、伊斯兰教、景教在不同的历史时期先后传入该地，多元化的宗教环境使这里成为东西方大国势力争相试图统一思想的战场，以公元 751 年唐帝国与阿拉伯帝国阿拔斯王朝之间进行的"怛罗斯之战"为分水岭，西域地区开始由佛教信仰向伊斯兰信仰转变，而阿拉伯帝国控制西域后很快又陷入内讧，在数百年期间这一地区由政局不稳所导致的宗教思想混乱，也为强大农业帝国势力的介入提供了客观环境。

今天的人们在研究历史时会持有一种观点：历史是建立在无数偶然之上的必然。耶律大石对西域地区即将开始的征服刚好印证了这个观点，作为一个信奉伊斯兰教的游牧民族出身且受过良好儒家汉化教育的王公贵族，如此之多不同属性的身份极其偶然地集于耶律大石一身，形成了上述三点对西域诸国征服原因的必然性，也正是因为无数偶然的历史事件，使得西域地区成了东方农业帝国必然的战略突破口。也许，从哲学角度思考，人类不断开拓西域的历史，在冥冥之中的彼时，是无数尚未显现的必然性的隐晦暗示。

　　然而偶然也好必然也罢，耶律大石的人马已经整装待发，磨刀霍霍，做好了为西域"丝绸之路"再添上一笔浓墨重彩的准备。

三　西域死或生

　　公元 1141 年夏天，耶律大石收到了一封特别的信件。

　　信中用带有强烈挑衅色彩的语气写道：

　　我 10 万穆斯林战士英勇无敌，能用弓箭射断敌人的须发，劝君趁早卸甲归降，皈依真主，免遭灭顶之灾。

　　在读完这封挑战书之后，耶律大石不动声色，将信拿给周围的大臣，而身边的大臣读后无不怒发冲冠，更有甚者要拔剑杀死送信的使者。耶律大石拦下了愤怒的众人，命令左右交给使者一根细针，他让使者用细针挑断自己的胡子，使者费尽九牛二虎之力，却依然未能成功。

　　此时耶律大石只是挥挥手，语气平淡地对使者说道：回去告诉你们的苏丹，你们连用细针将胡须挑断都做不到，怎么可能用弓箭射断，要战便战，不必废话。

　　使臣灰溜溜地走了，耶律大石和他的大臣们也开始立刻着手，让契丹的战争机器迅速运转起来。

　　局势已经非常明显，原地不动，迟早会被东边的女真追杀至此，若向西前进，写出这封信的人已经盯上了耶律大石。

在强敌环伺的西域，死或生，这确实是个问题。

至于耶律大石收到这封信的原因，还要追溯到不久前，从喀喇汗国的内乱讲起。

在耶律大石所控制地区的西部近邻，便是由信奉伊斯兰教的阿拉伯人所建立的喀喇汗国，在扬威西域百年之后，该国国力渐渐式微，内部叛乱不断，之后喀喇汗国分裂为东西两部，东喀喇汗国中以突厥部族葛逻禄人为代表的部族叛乱屡屡镇压失败，在国内不断发生暴乱和起义的背景下，新任大汗易卜拉欣刚继位就被这一大片烂摊子搞得焦头烂额，相比他能征善战的父亲，易卜拉欣是一个不折不扣的窝囊废，其父在位时东喀喇汗国与契丹在边境冲突中尚取得了一定胜利，从而震慑了国内部族的叛乱，而易卜拉欣则完全没有其父的魄力，根据志费尼的记载，喀喇汗国的阿尔斯兰汗易卜拉欣，是一个"无能无力的人"。

> 该地的哈剌鲁（葛逻禄人）和康里突厥人已经摆脱了对他的隶属，而且经常欺凌他，袭击他的部属和牲口，进行抢掠。（志费尼《世界征服者史》）

此时经历过数次边界冲突的耶律大石依然陈兵数万在自己与东喀喇汗国的边界上，有着敏锐战略头脑的耶律大石从喀喇汗国的内乱中看到了自己西进的希望，因此他一边暗中支持突厥部族的叛乱，一边派遣使臣前往喀喇汗王朝的首都喀喇斡耳朵，向其炫耀武力，并对其百般威胁。

　　无休无止的叛乱已经使东喀喇汗国濒临灭亡的边缘，面对愈演愈烈的国内形势，软弱的易卜拉欣无计可施，他急需找到一个靠山，那么到底可以依靠谁呢？自己的宗主国塞尔柱帝国此时远在波斯境内的呼罗珊，"远水解不了近渴"，在焦急地看过地图之后，阿尔斯兰汗易卜拉欣想出了一个"不是办法的办法"——向与自己有过边界冲突的契丹人求救。

　　易卜拉欣因此向可敦城派出了自己的使者，对于这样万般无奈的选择，志费尼在其著作《世界征服者史》中也有所记载：

　　　　把自己的软弱，康里人和葛逻禄人的强大和奸诈告诉他，并请求他到他的都城去，以此他可以把他的整个版图置于他的治下，从而使他自己摆脱这尘世的烦恼。

　　由于《世界征服者史》由波斯文本成书，其中夹杂了大量对真主赞美的辞藻，行文晦涩难懂，现有版本多是由波斯文翻译为俄文与英文后，再转译为中文，因此阅读起来较为困难，虽然这一段论述中出现了一大堆的"他"，不过我们也可大致猜出其中的大意，病急乱投医的易卜拉欣打算向耶律大石彻底臣服，并为其献上自己的国家——只要耶律大石能够保住自己的性命。

　　对此意料之中的耶律大石在接到易卜拉欣的请求之后，率军大摇大摆地进入西域，大摇大摆地来到喀喇斡耳朵，大摇大摆地登上了那"不费他分文的宝座"（志费尼语）。

　　9 年前（公元 1128 年）因辽天祚帝耶律延禧已经驾崩，耶律大石在一个叫作叶密立（今新疆额敏县）的地方被群臣拥立称帝，为延续大辽国祚，耶律大石依旧定国号为辽，改元延庆，称菊儿汗，意为众汗之汗，同时复上汉尊号天祐皇帝，此后人们便将这一由耶律大石建立的契丹政权称为西辽。此时耶律大石就此得到了东喀喇汗国的全部版图，这一天上掉下来的馅饼让耶律大石的实力获得了极大增强，并以自己突厥血统出身为手段，耶律大石很快平息了葛逻禄人的叛乱，不久之后，耶律大石将喀喇斡耳朵改名为虎思斡耳朵（今吉尔吉斯斯坦首都比什凯克），契丹语意为坚固之城，同时将西辽定都在此，流亡西域的白马青牛的后裔们自此终于站稳了脚跟。

拿下东喀喇汗国，接下来耶律大石要面对的是西喀喇汗国，因此在公元1137年耶律大石以保护西喀喇汗国的葛逻禄人为由，将自己的步伐继续移向西边，在中亚更西边的费尔干谷地（今吉尔吉斯斯坦与塔吉克斯坦交界处）与西喀喇汗国大汗马赫穆德相遇，阿拉伯的战士再如何骁勇，依旧无法敌过曾经历横穿大漠九死一生考验的契丹勇士，因此马赫穆德的军队一触即溃，马赫穆德本人甚至一路逃至里海附近的塞尔柱帝国，向他的宗主塞尔柱苏丹桑贾尔寻求帮助。

在见到了自己的主人桑贾尔后，马赫穆德向其哭诉，将西辽军队形容得可怕无比，极力渲染耶律大石对伊斯兰世界的威胁，并坚称穆斯林遭遇了无法想象的灾难，马赫穆德乞求桑贾尔集结新月旗之下的所有穆斯林战士对耶律大石发动"圣战"，以此保卫纯洁的伊斯兰世界不被来自东方的"异教徒"所侵占。

在逼近西喀喇汗国首都撒马尔罕（今乌兹别克斯坦撒马尔罕）时，耶律大石没有贪功冒进，在不远处的阿姆河停下来，他深知与穆斯林的决战即将来临，此刻在这里休养生息，以逸待劳。

接到马赫穆德的求救之后，一向以"真主手中的宝剑"自居的苏丹桑贾尔，开始命令西亚与中亚塞尔柱帝国的诸多附庸国家抽调部队，组成联军开向撒马尔罕，准备与耶律大石决一死战。10万穆斯林大军浩浩荡荡地向耶律大石逼近，桑贾尔被自己在穆斯林世界的地位冲昏了头脑，大军开到撒马尔罕之后不做任何部署，仅仅对大军检阅就花去6个月的时间，并且桑贾尔对于耶律大石极端轻视，派人给耶律大石送去战书，这就是最开始时耶律大石收到的那封信。

耶律大石在详细研究过塞尔柱联军的构成之后，对于自己的胜利信心满满，虽然敌军多达10万之众，而自己只有2万人，但依旧沉着应战，耶律大石相信，经此一战，大辽将会在西域以涅槃重生的姿态称雄在这片土地上。

公元1141年9月9日，双方在卡特万草原展开决战。

在决战前夜，耶律大石曾对自己的部下说：彼军虽多而无谋，攻之，则首尾不救，我师必胜。

对于战役的具体过程在此不再赘述，我们只要知道，经过数天的殊死拼杀，西辽军队彻底击败了桑贾尔这把"真主的宝剑"，在残兵的掩护下，桑贾尔和马赫穆德侥幸生还，逃至铁尔梅兹（今乌兹别克斯坦与阿富汗交界处），而桑贾尔的妻子、将军们在此役均被西辽俘获，塞尔柱联军士兵横尸数十里，对于此战役，后来蒙古人编纂的《辽史》有粗略记载：

西域诸国举兵十万，号忽儿珊，来拒战。两军相望二里许。谕将士曰："彼军虽多而无谋，攻之，则首尾不救，我师必胜。"遣六院司大王萧斡里剌、招讨副使耶律松山等将兵二千五百攻其右；枢密副使萧剌阿不、招讨使耶律术薛等将兵二千五百攻其左；自以众攻其中。三军俱进，忽儿珊大败，僵尸数十里。驻军寻思干凡九十日，回回国王来降，贡方物。（《辽史》第三十卷本纪第三十《耶律大石》）

经此一战，耶律大石彻底奠定了在西域的霸主地位，曾在西域不可一世的塞尔柱帝国就此一蹶不振，阿拉伯世界更是有史以来第一次败给了所谓的"异教徒"，西喀喇汗国、花剌子模等西域诸国均被西辽所控制，13 世纪著名穆斯林史学家伊本·艾希尔评价此役：在伊斯兰教中没有比这更大的会战，在呼罗珊没有比这更多的死亡。

而从小深受汉族文化熏陶的耶律大石，也借此将汉文化再度传播在这条 1000 多年前张骞走过的道路上，这也是在 8 世纪中期唐朝因怛罗斯之战失败而退出西域后，中华文化时隔 4 个世纪再度降临在这条道路之上。从这一战之后，不仅契丹建立的大辽再度复活，西域地区也将迎来一个短暂且美好的繁荣春天。

四　成也萧何，败也萧何

在中古时期的欧洲，曾有过一个令无数人深感恐惧的词汇——上帝之鞭。每当这个词出现在人们的视野当中时，即意味着庞大的城市将遭到毁灭、雄伟的建筑遭到损毁、高贵的血统遭到凌辱。而被称为"上帝之鞭"的人，便是从"丝绸之路"的东方一路西进，将战争与死亡的气息散布在西方世界的东方游牧民族，欧洲人认为自己罪孽深重，遭此大劫是上帝用鞭子鞭笞自己，而历史上最为著名的"上帝之鞭"有两人，一位是公元 5 世纪从中亚咸海海域西征，在大西洋西岸止步的匈奴皇帝阿提拉；另一位是在公元 12 世纪至公元 13 世纪期间数次西征，征服陆地面积与太平洋相当的蒙古成吉思汗铁木真，从人文主义的角度来看，此二人所到之处尸横遍野、血流成河，确是魔鬼撒旦在人间名副其实的代名词。

卡特万一战，使耶律大石声名远播，而西辽也一跃而成西域世界的霸主，在卡特万草原杀人无数的耶律大石经阿拉伯传至西方，使耶律大石成为自匈奴王阿提拉之后的又一名"上帝之鞭"，当耶律大石率部从极东之地的白山黑水一路向西，建立起了一个东起昆仑山西至咸海的庞大帝国的故事传至欧洲之时，公元 680 多年前经历过匈奴王阿提拉血洗的欧洲诸国人民无不感到极度的恐惧，他们害怕同为东方游牧民族的契丹人重现当年的地狱景象，因此夜夜枕戈待旦，胆战心惊地度过他们自认为是末日的每一天。

而历史的发展永远出乎人们自以为是的想象，从今天的角度回首过去，我们发现欧洲人的多虑完全是多余的，因为耶律大石从未想过进入欧洲烧杀抢掠，而在耶律大石征服过的地域，除了每年向西辽上缴一定贡品，部族头目要腰挂银牌以示臣服之外，管理方式一切照旧，对被征服国并无任何苛刻之处。

对于导致西域各国战乱的根源问题之一的宗教，耶律大石不同于在自己之前的穆斯林征服者或基督教征服者，他在宗教问题上表现出了自己极度的宽容，在他治下，他没有强行推行某种唯一信仰，因此，在西辽帝国的版图内，佛教徒、伊斯兰教徒、景教徒、摩尼教徒可以互相间和平共处，对于不同部族、不同信仰的地区，耶律大石照搬大辽的南北面官制度，不仅派军队进行保护，同时按照其习俗分开治理，这样的宽容宗教政策尽得民心，使得西辽帝国一时之间深受西域百姓拥护，甚至当成吉思汗向其幕僚耶律楚材问及西辽帝国的情况时，耶律楚材如实答道：

> 颇尚文教，西域人至今思之。

我们可以将耶律大石的种种宽容举措归结为其自小受汉家文化的熏陶，从而对不同种类文化具有如此胸怀的包容性，在《元史》中对于耶律大石的记载，有些许部分提及他来到西域之地后开始学说波斯语，并且发布诏书一律用汉文、波斯文、契丹文不同款式一式三份，耶律大石为表示自己思念故国，身上只穿来自中国的丝绸，西辽公主在出嫁前依旧梳汉妆，而一些穆斯林史籍则记载，在西辽"回纥与汉氏杂居，其俗渐染，颇似中国"，而西辽官方语言一直都是汉语，近代中国历史学家陈垣曾说，"西辽五主，凡八十八年，皆有汉文年号，可知其在西域曾行使汉文"，种种迹象，都表明在西辽治下各民族和睦相处。

然而好景不长，几十年之后，西域地区最后的繁荣即将崩溃。

公元 1208 年，此时距西辽首位皇帝辽德宗耶律大石驾崩已经过去65年，在这半个多世纪期间，亚洲大陆局势再度发生了变化，北方的成吉思汗已经统一蒙古部落，同时在与金国的冲突中也连战连捷，而这一年，西辽帝国首都虎思斡耳朵迎来了一位特殊的客人。

来人名叫屈出律，是蒙古大漠中散落的诸多游牧部落——乃蛮部的王子，乞颜部落首领铁木真与自己的安达（结拜兄弟）札答阑部首领札木合在草原展开称霸决战，在经历了铁木真一生最艰难的一场惨烈战斗——合兰真沙陀之战后，铁木真开始获得草原的实际控制权，札木合逃至西边强大的乃蛮部寻求庇护，屈出律收留了他，之后铁木真追杀至乃蛮部并将其剿灭，在俘虏了札木合之后，在札木合的要求下，铁木真用蒙古贵族的最高礼仪"尸不见红"的方式处死了自己曾经的好兄弟，而对于收留札木合的屈出律，铁木真就不会如此仁慈了，在他的追杀下，屈出律一路奔逃向西，最终逃至西辽首都虎思斡耳朵寻求庇护。

来到西辽的屈出律很快获得了西辽末代皇帝耶律直鲁古的信任，屈出律不仅当上了西辽的驸马，后来更将老皇帝奉为太上皇，自己成为西辽的实际掌控者。

佛教徒出身的蒙古贵族屈出律是一个比半世纪前在西域称霸的穆斯林更加偏激的人，他篡权之后，废除了耶律大石的宗教宽容政策，强迫西辽境内的伊斯兰教徒改宗信仰佛教，并改穿契丹服装。不仅如此，屈出律还在西辽境内的每一户居民中安排一名士兵居住，用以监视居民。屈出律的倒行逆施，很快遭遇了西辽境内各个民族的强烈反弹，民族政策的改变，动摇了西辽在此立国的根基，因此导致了西辽政局不稳。

　　与屈出律的恶行不同，之前我们提到了耶律大石来到中亚后实行的宽容宗教民族政策，使西辽帝国疆域内一扫伊斯兰教独树一帜的现状，公正、客观、不干预的宗教政策不仅赢得了不同信仰群体的信任，同时也形成了本地伊斯兰教、由西方传入的景教、东方传入的佛教、本土宗教摩尼教等数个宗教共同繁荣发展的局面，这位自幼深受中华文化熏陶的统治者在帝国的传说中更是被赋予了多种身份，伊斯兰教徒因为耶律大石的突厥血统而认为他是穆斯林，战绩低迷的十字军信徒们认为他是传说中的基督祭司皇帝约翰，甚至有人认为他是摩尼教徒，而耶律大石本人则每到祭祀庆典时便诵经礼佛，极强的宗教宽容性使西辽建国之初在强手林立、局势复杂的"丝绸之路"上一时难逢敌手。

　　如果将多元化的宗教政策仅仅归结于耶律大石曾接受多元化的中华文明的启蒙教育，还是远远不够的，从古到今，成熟国家政策的实施不仅依靠统治者的个人文化修养，更在于深层次的国家利益，要知晓耶律大石为何实施开明宗教政策，还要从政治角度去看待。

　　曾有位伟人说过，政治的实质，就是"团结大多数，打击一小撮"，耶律大石应该没听过这句话，但是以后世的角度看待他的生平可以知道他应该也懂得这个道理，一个成功的统治者要在自己的朝堂之上平衡来自多方的不同势力，就必须为自己和这些力量之间找到共同利益。由遥远的中国迁徙而至的契丹人初来乍到，带着自己的文化、宗教，深入强敌环伺的异域之地，首先面临的便是敌人对自己虎视眈眈的敌视，而化解敌意比刀剑更管用的方法是善意，即便是在统治者与被统治者之间。辽国自从在中国北地崛起之初就有

"因俗而治"的传统，对于不同民族种群，采用不同的治理方法，类似于现代民族自治制度，也使西辽的政治制度带有与众不同的兼容性，兼容不同民族与宗教，才使西辽在西域一枝独秀，人人向往。

对于不同社会阶层的管理，耶律大石也没有如其所在此地的喀喇汗王朝前任们那样大搞游牧民族政教合一的"一刀切"模式，西辽在接管喀喇汗国领土后，不没收原来统治者的财产，不圈地，不将耕地牧场随意转换，在维持原有统治模式的基础上废除沉重的苛捐杂税，喀喇汗贵族依旧管理自己的土地，而西辽朝廷则派人监督，农民只需向西辽朝廷缴纳一个第纳尔即可获得额外耕地。既不损害原有统治阶级的利益，又抵消了此地对来自异族统治者的抵抗情绪，同时给予底层民众休养生息的空间。

后世史学界对于耶律大石在西域的统治，其所实行的政策，称为"羁縻政策"。羁縻二字本义指牛马头上的缰绳，后人引申为笼络控制之意，羁縻政策曾被用于唐代对西南少数民族的管理，中央政府承认当地贵族，同时入朝封侯，将其地域纳入中央政府管理，至元明清三朝时演化为后人所熟知的"土司制度"。

耶律大石的西辽帝国在其疆域内的羁縻政策，正是一边对本地残余抵抗势力实行军事压制，一边对归顺势力给予利益安抚，对原有统治贵族要求政治归顺，其余一切事务照旧，所谓"附则受而不弃，叛则弃而不追"（《后汉书·南蛮西南夷列传·第七十六》），这样的政策，不仅成就了耶律大石开明君主的美名，也成了西辽帝国的立国之本。

而属于单一宗教激进主义者的屈出律自毁长城的行为，

最终断送了西辽帝国。

公元 1218 年，得知屈出律身在西辽，同时为了肃清乃蛮部残余，铁木真命令自己手下的神射手哲别率领 2 万蒙古铁骑西征西辽。哲别来到西辽之后，听说屈出律在此地对所谓"异教徒"大加迫害，对于其强迫穆斯林改宗的做法表示愤慨。因此哲别当场宣布，每个人都可以保持自己的宗教信仰，所有人都可以遵从自己祖先留下的宗教规矩。因此得到了西辽境内所有少数民族的响应，以穆斯林们为首的少数民族居民纷纷奋起抗争，他们回家杀死驻扎在自己家中的士兵，同时引导蒙古军队追击屈出律，在今天新疆喀什附近，哲别将屈出律歼灭，并将其斩首。屈出律的死，宣告立国西域 88 载的西辽帝国就此灭亡。

哲别灭辽之后还发生了一段小故事，当哲别率领 2 万蒙古骑兵凯旋回到大蒙古国都城和林时，不仅向铁木真献上了屈出律的头颅，同时还献上了 1000 匹从西辽俘获的白嘴黄马，这是哲别当年对大漠之王铁木真的承诺。多年前铁木真正在进行统一蒙古草原的战争，哲别所属的泰赤乌部落彼时正与铁木真敌对，在一次战斗中哲别一箭射死了铁木真的坐骑白嘴黄马，当泰赤乌部被灭后，铁木真接见了这位来自敌方差点置自己于死地的英雄，哲别当时向铁木真承诺：对我开恩，我将带回无数匹这样的马。此次西征，哲别兑现了自己的诺言。对此清末民初史学家柯劭忞在其编纂的《新元史》中有记载：

　　　　十一年，太祖（铁木真）北还，时古出鲁克（屈出律）盗据西辽，命者别（哲别）征之。明年，师至垂

河，所过城邑望风降附，古出鲁克西奔。又明年，者别
使曷思麦里逾葱岭追之，及诸撒里黑昆，斩其首以徇。
诸部军中获马千匹，皆口白色者，归献于太祖曰："臣
请偿昔者射毙之马。"（柯劭忞《新元史》卷一百二十
三《列传第二十》）

当然这都是后话。

西域地区最后的农业帝国西辽政权就此陨落，说来也
巧，以宗教政策立国的西辽，最后竟也亡于宗教政策，真可
谓是成也萧何败也萧何，而西辽帝国在这一地区短短88年
的国祚，也正是西域地区错综复杂宗教形势的缩影，在耶律
大石来到这一地区数十年前，可以说，开明宽容的宗教与民
族政策正是这一地区保持持久生命力的根基所在，而如屈出
律之流一味镇压与强迫，正是自掘坟墓的愚蠢之举。哲别的
到来，再度为这一地区注入了新的活力，从那时起到今天，
中亚地区仍旧是不同民族、不同文化之间彼此融汇交流、和
睦共处的最好典范之一。

第五章　浩浩匈奴

一　草原上的百蛮大国

公元 452 年，远在匈牙利的匈奴王阿提拉在攻陷西罗马帝国首都拉文纳时不会想到，他会因酗酒过度，咯血死在美人的怀中，可谓"醉卧美人膝"。这位被视为残暴及抢夺的"上帝之鞭"所代表的匈奴形象，在罗马作家马塞利努斯眼中"他们不分善恶，十分无知，一个野蛮粗暴的种族，从骨子里就喜好烧杀抢掠，无恶不作"。在 18 世纪爱德华·吉本的《罗马帝国的衰亡》及林幹的《匈奴史》的记载中，这支入侵欧洲的匈人他们是曾引起无数中原帝王头疼的游牧民族——匈奴的后代。

《史记·匈奴列传》云："匈奴，其先祖夏后氏之苗裔也，曰淳维。唐虞以上有山戎、猃狁、荤粥，居于北蛮，随畜牧而转移。"《晋书》卷九七《北狄匈奴传》中记载："匈奴之类，可谓之北狄……夏曰荤粥，殷曰鬼方，周曰猃狁，汉曰匈奴。"很难说匈奴的族源来自单一的氏族或部落。不过在匈奴族形成的过程中，被称为"匈奴"的那一部分由于社会生产力较之其他部分先进，力量较强，故在部族形成的过程中居于主导的地位，起着支配的作用。随着部族的形成和发展，"匈奴"那一部分遂以它本部的名称总括和代表整个部族。[1]

头曼，匈奴史上第一位单于，由于喜爱他后娶的阏氏所生的少子，妄图废掉太子冒顿改立。如果历史顺延着头曼单于的心愿，匈奴将会走向怎样的道路我们不得而知，但这种假设被冒顿扼杀在摇篮之中。头曼单于将冒顿送往月氏做人质，同时派兵攻打月氏，意图借月氏之手杀害冒顿，不料冒顿已然察觉。之后，冒顿借与父亲打猎之机，射杀了头曼。清除异己后，冒顿自立。这场政治斗争结束之后，冒顿单于不再局限在自己仅有的草原，而将目标直指周围的潜在资源，匈奴的领土得以无限扩张。"在冒顿单于期间，匈奴征服了许多邻族……控地东尽今辽河，西至葱岭，北抵贝加尔湖，南达长城。"[2]

匈奴的建立与领土扩张给中原地区的统治者带来了不少的麻烦，二者复杂的关系从战国时期一直持续到三国时期匈奴的南移。

《史记·匈奴列传》中记载："当是之时，冠带战国七，而三国边于匈奴。其后赵将李牧时，匈奴不敢入赵边。后秦灭六国，而始皇帝使蒙恬将十万之众北击胡，悉收河南地。"不难看出，在公元前3世纪甚至更早，匈奴已经与中原发生了频繁的接触。与赵国的战争，终因有李牧而不敢轻举妄动。同时，秦始皇统一六国后，蒙氏一族镇守边关，导致匈

---

① 林幹：《匈奴史》，内蒙古人民出版社2008年版，第3页。
② 同上书，第23页。

奴最终的结果是"胡人不敢南下而牧马，士不敢弯弓而抱怨"。公元前207年，秦朝灭亡，公元前202年，西汉建立。这个得天独厚的五年机遇使得匈奴成功地发展了自己的势力，与西汉抗争。而这种不易，匈奴首先该感谢奸臣郭开散布李牧与秦国勾结的谣言使得赵王除去这个威胁，其次，更应该感动于赵高、李斯、胡亥合谋陷害了蒙恬一族，为匈奴扫去了障碍。

中原，五年的空白期，楚汉相争。刘邦，沛县泗水亭长，建立了统一强盛的帝国——西汉。与匈奴的接触，贯穿于这个朝代200多年的统治之中。

公元前202年，刘邦称帝，大封诸侯，其中异姓诸侯王有七位，韩信便是其中之一，其封地位于颍川一带，定都阳翟（今河南省禹州市）。阳翟处于中原腹地，乃兵家必争的战略重地。刘邦担心韩信日后会构成威胁，便以防御匈奴为名，将韩信迁至太原郡，定都晋阳（今山西省太原市），后韩信请求将王都迁至马邑（今山西省朔州市），刘邦批准。

公元前201年秋，冒顿单于率10万铁骑围攻马邑，韩信寡不敌众，派使者向匈奴求和。所谓"用人不疑，疑人不用"，在这个敏感时期，刘邦怀疑韩信已暗通匈奴，便致书责备。韩信担心被杀，便同匈奴联合攻汉，将马邑拱手相让。匈奴挥师南下，进入雁门关，直指太原郡。这种不利局面的出现，刘邦是该庆幸自己的未卜先知还是该后悔无中生有？

公元前200年冬，刘邦亲率32万大军，讨伐匈奴，同时镇压韩信叛乱，随行的有陈平、刘敬、樊哙、夏侯婴、周勃等。汉军进入太原郡后，铜鞮（今山西省沁县一带）一役，大获全胜，韩信军队遭到重创，韩信逃往匈奴。匈奴将兵士驻扎在今山西省繁峙县至原平市一带，刘邦率兵到达晋阳后，听说了这个消息，便派人探听虚实，冒顿单于瞒天过海，隐藏精锐士兵，以麻痹汉军，刘敬试图劝阻，奈何刘邦不听，率骑兵到达了平城，即今日的山西省大同市，岂料汉军的步兵未能紧随刘邦的步伐，匈奴作战又类似蜂群，刘邦带领的兵马被困在了冒顿设下的陷阱——白登山，突围不成，损兵折将，而匈奴的包围圈在经历了七天七夜之后，也没有达到占领白登的目的。后，陈平献计，以贿赂阏氏来实现曲线救国的目的。刘邦听之，便派使臣向冒顿单于新得的阏氏献上了金银珠宝，阏氏说服了冒顿，打开了包围圈，汉军撤退。此次战役史称"白登之围"。

"白登之围"后，汉军元气受损，急需休养生息，刘敬献计，采用和亲的方式维护当下的和平。刘邦大为赞同，岂料吕后不愿意让长公主嫁入匈奴，后改以宗室女，刘敬以使者的身份陪同，并向匈奴每年赠送大量的农副产品。从此，汉匈以长城为界，两国的关系得以暂时缓和。

自汉高祖嫁宗室女之后，惠帝、文帝、景帝遵循此举。奈何和亲不能满足匈奴的贪欲，汉文帝时期，匈奴右贤王入侵河南，又数次侵边。公元前166年，匈奴单于率14万铁骑再次入侵，掠夺牲畜，公元前162年，匈奴又入边关抢夺财物。"弱国无外交"，"落后就要挨打"，当时的西汉实力不足以与匈奴媲美，只能依靠和亲求得短暂的安宁。

和亲是基于双方地位不平等的条件下，西汉统治者的无奈之举，暂缓冲突的权宜之计。但是，这种政策给汉朝提供了60多年较为和平稳定的环境，同时，"飞将军"李广，这位历经文帝、景帝和武帝的三朝名将也保证了匈奴数年不敢来犯。正所谓"卧薪尝胆",文景之治缓解了西汉的境遇,为汉武帝大破匈奴提供了强有力的物质基础。《史记》卷三十《平淮书·第八》记载:"至今上即位数岁,汉兴七十余年之闲,国家无事,非遇水旱之灾,民则人给家足,都鄙廪庾皆满,而府库余货财。京师之钱累巨万,贯朽而不可校。太仓之粟陈陈相因,充溢露积于外,至腐败不可食。"经过文帝、景帝的削藩,武帝平定了"七国之乱"后,中央集权的加强和巩固使得上层建筑日趋稳定。经济基础的充足,上层建筑的稳固,汉武帝抗击匈奴的条件趋于成熟。

公元前 133 年,武帝开始对匈奴发动战争。同年冬十月,汉派 30 多万精兵埋伏在马邑旁谷中,使马邑人聂壹佯为出卖马邑城以利诱单于。单于贪马邑财物,信以为真,夏六月率 10 万骑入武州塞(在今山西朔县北至大同市西一带)。后因捕得汉朝尉史(守卫边塞的下级武官),尉史泄密,单于及时撤退,汉之计谋没有成功。① 但是,这并不影响武帝对匈奴的征讨,他在位期间,对匈奴的战争持续了 40 余年,并先后部署了三次关键性战役,其中,规模最大也最艰巨的战役当属漠北之战,而这场战争也成了霍去病的绝唱。

公元前 127 年至公元前 125 年的河南之战,西汉收复河南地。在收复失地的第二年,君臣单于去世,其弟左谷蠡王伊稚斜自立,匈奴远移漠北。公元前 121 年的河西之战,西汉夺得河西一带,扼住了中原通往西域的咽喉,浑邪王归降

---

① 林幹:《匈奴通史》,人民出版社 1986 年版,第 53 页。

汉朝。经河南与河北两战后，匈奴已然受到重创，其势力远不能与西汉同日而语，因汉王朝完全占据了河西走廊，这为日后的漠北之战大破匈奴提供了良好的地理优势。

公元前119年夏，武帝调集10万骑兵，命卫青出定襄（今内蒙古和林格尔西北），霍去病出代郡（今河北蔚县东北），二者各领5万人，深入漠北，意图全歼匈奴主力。同时，武帝命李广、公孙贺、赵食、曹襄归卫青指挥。霍去病下属未配备裨将，但统领的都是威武之师，力战之士，如赵破奴、路博德、李敢、徐自卫等。此外，霍去病手下还有匈奴降将，因而熟知大漠地理，保证了在沙漠中的行军作战。因霍去病是汉军主力，武帝另征集4万私服从马，步兵近10万，以确保此次战争的最终胜利。赵信得知汉军北进，为伊稚斜单于献策，将家属人畜继续向北转移，精兵部署在漠北一带，准备迎击汉军。

汉军队伍出发，兵分两路。卫青出塞后，抓到俘虏，得知伊稚斜单于驻地，令李广与赵食率兵从东路出击匈奴军侧背，亲率主力与匈奴大军正面交锋。后穿过大漠，终与伊稚斜单于主力相遇，因匈奴早有准备，卫青便下令用兵车环绕为营，亲领5000名骑兵直取伊稚斜。双方混战至黄昏，最终匈奴不敌汉兵，伊稚斜率兵仓皇而逃。卫青率兵继续跟进，到达颜山（今蒙古人民共和国杭爱山南面的一支），匈奴军溃散，歼敌近2万人。有诗云"大将军出战，白日暗榆关。三面黄金甲，单于破胆还"。

另一路，霍去病出代郡后，继续北进，穿过大漠，遭遇匈奴左贤王部众，汉军力战，匈奴大败，此役，汉军歼敌7万余人。左贤王率亲信逃走，霍去病猛追，直至狼居胥山

（今蒙古人民共和国乌兰巴托东），并在山上修建一个纪念台。

这一战，匈奴两路被歼9万余人。伊稚斜单于与兵失散，误认战死沙场，匈奴实力大减，双方休战，危害汉朝百余年的匈奴边患基本得到了解决。《史记·匈奴列传》云："最后匈奴远遁，而幕南无王庭。汉渡河自朔方以西至令居，往往通渠置田，官吏卒五六万人，稍蚕食，地接匈奴以北。"

在汉朝的进攻面前，匈奴即使日益衰落，却仍不甘心，百年的辉煌岂能就此没落？马背上的统治者怎能被汉人摧毁祖宗的基业？反攻，势不可当。无奈力不从心，岂料因战争的失利带来的巨大灾难导致了内部的分裂，外因和内因的双重打击，宽厚有力的脊背不得不低下他们高傲的头颅，辛酸地面对以后的重重灾难。

公元前57年，"五单于争立"出现。五单于最初指的是呼韩邪、屠耆、呼揭、车犁、乌藉，后又有阎振和郅支加入，实际上是七单于争夺王位。七单于混战的结果是最后只剩下呼韩邪和郅支。公元前54年，呼韩邪在他的对手兼兄弟郅支手中遭到军事上的惨败。呼韩邪被郅支战败后，被迫放弃了位于北部的匈奴都城，逃往南部。其时，呼韩邪看到北有郅支，南有汉朝，东西属部早已叛乱瓦解，如不归附汉朝，将受到两面夹击的危险，若归汉还可借助汉朝力量与郅支抗衡，企图恢复。呼韩邪单于有意降汉，引起了群臣激烈的讨论，反对派认为呼韩邪与郅支的争斗属于匈奴内部问题，而降汉则成了汉朝的附庸，使得自己遭受屈辱。以左伊秩訾王为代表的赞成派认为"强弱有时，今汉方盛，乌孙城郭诸国皆为臣妾。自且鞮侯单于以来，匈奴日削，不能取复，虽屈强于此，未尝一日安也。今事汉则安存，不事则危亡，计何以过此"！（《汉书》卷九十四《匈奴传》下）呼韩邪单于听从了左伊秩訾王的建议，决定降汉。呼韩邪降汉后，与汉朝和亲，汉元帝选一宫女出塞，这名肩负国家使命的宫女便是王昭君。

二 "落雁"的爱与伤

在内蒙古呼和浩特市南郊十多公里处的大黑河畔，坐落着四大美女之一"落雁"的青冢——昭君墓。岁月并没有给它带来过多的侵蚀和衰败，更多的是庄严与飘逸。历史的幽谧勾勒着塞外黑夜的无穷无尽，落雁的哀鸣仿佛还能在耳边响起。遥望远方的天际，回望王昭君的爱与伤。

汉元帝时期，南郡秭归香溪水畔（今湖北宜昌市兴山县），这座楚歌之乡，一位美丽的女子正以"良家子"①的身份入宫当了宫女，成了"掖庭待诏"。然命途多舛，公元前33年，匈奴王呼韩邪单于朝汉求亲，汉元帝欲选出一名宫女来完成和亲这一使命，王昭君便成了这名肩负维系汉匈和平任务的女子。

谈到昭君出塞，画师毛延寿可谓一个关键性的人物，《西京杂记》中描述毛延寿"前汉元帝后宫既多，不得常见，乃令画工图其形，按图召幸之。诸宫人皆赂画工，多者十万，少者不减五万；唯王嫱不肯，遂不得召。后匈奴求美人

---

① 良家子：谓清白人家的女子。汉时，指从军不在七科谪内者或非医、巫、商贾、百工之子女，为良家子。

为阏氏，上按图召昭君行。及去，召见貌美，帝悔之，而业已定，重信于外国，不复更人"。王昭君因毛延寿的搅局在宫中孤独而哀伤，对汉元帝求而不得，遂选择了和亲之路。《后汉书·南匈奴列传》第七十九记载："昭君字嫱，南郡人也。初，元帝时，以良家子选入掖庭。时呼韩邪来朝，帝敕以宫女五人以赐之。昭君入宫数岁，不得见御，积悲怨，乃请掖庭令求行。"人们对漂亮的女子尤其是对为了国家利益而献身的漂亮女子赋予了极大的怜惜与同情，因而后世对王昭君出塞的经历增添了一笔笔传奇的色彩。

公元前33年，王昭君跟随呼韩邪单于前往匈奴。昭君出塞之际，恰逢路途漫天黄沙，孤雁南飞，心中难免苦闷忧思，便生出无限感慨，遂弹奏琵琶，来寄托哀思。南飞的大雁听得此曲，深深感动，便扑落在平沙之上，忘记了飞翔。因而成就王昭君"落雁"之名。

昭君抵达匈奴后，被封为"宁胡阏氏"，意为匈奴有了汉女做"阏氏"，安宁便有了保障。公元前32年，王昭君生了一个男孩，取名伊屠智牙师，被封为右日逐王。婚后第三年，呼韩邪单于逝世。大阏氏长子雕陶莫皋继位。依照匈奴礼俗，王昭君成了雕陶莫皋的妻子，并产下两女，长女叫云，次女叫当。两人的生活美满而甜蜜，但这种幸福只持续了11年就因雕陶莫皋病逝而结束，此时是公元前20年，王昭君刚刚33岁。此后，昭君将余生献给部族，积极参与对匈奴的和平改造，同时沟通并调和汉匈之间的关系。

匈奴是西汉时期最凶悍善战、桀骜不驯的游牧民族，汉匈关系复杂多变，遣送的女子通常代表着汉朝的形象。王昭君没有像其他和亲女子对匈奴的野蛮生活感到不安，没有异想天开地逃难，更没有听天由命地悲观，而是积极融入其中，克服种种困难。

"边城晏闭，牛马布野，三世无犬吠之警，黎庶忘干戈之役。"（《汉书》卷九十四《匈奴传》）这是王昭君将汉朝文化、生活条件、环境等优势引进匈奴的良好结果。

1. 匈奴对汉朝文化的学习

昭君出塞后，尊重并遵循着匈奴人的生活习性，住毡帐，穿皮革，饮马乳酒，在呼韩邪单于死后，再嫁雕陶莫皋。王昭君的诸多行为，得到了部族的认可与爱戴。融入这个民族，便利了昭君将汉文化传播给匈奴。自复株累单于雕陶莫皋以下，每一任单于派一名质子到汉朝学习汉语、汉文和礼仪。这些质子回到匈奴后，影响了匈奴贵族，大批的贵族又涌入汉朝学习。这种良性循环，逐渐改变了匈奴的生活习惯。同时，汉朝的传位制度不同于匈奴的"传国与弟"。单于比，呼韩邪单于之孙，开始推行传子与传弟的混合继承制度。《后汉书·南匈奴列传第七十九》云"初，单于弟右谷蠡王伊屠智牙师以次当为左贤王。左贤王即是单于储副。单于欲传其子，遂杀智牙师。智牙师者，王昭君之子也……比见智牙师被诛，出怨言曰'以兄弟之言之，右谷蠡王次当立；以子言之，我前单于长子，我当立'"。但是，昭君不会想到，这种混合继承制，牺牲了她唯一的儿子。

2. 生活条件的改善

匈奴人以畜牧业为主，副业有刀、箭、车辆等手工业，但这些手工业技术低下。由于匈奴人以车辆为主要交通运输工具，每次战争，车辆受损严重；匈奴又以骑射闻名天下，畜牧的高度发达，农耕技术的落后，造成了匈奴的畸形发展。昭君出塞后，在她的影响下，以及几代人的共同努力，匈奴逐渐从游牧向农耕过渡。汉匈和平相处期间，百姓免遭战争之苦，上层建筑减少了战争的消耗，开始加大生产和社会建设，互通有无。公元前 27 年，复株累单于朝汉，汉朝统治者赠送了锦绣、絮、粮食、酒曲、酱、橘等工艺品和作物。在这些有利条件下，匈奴的生产和生活习俗发生巨大变化，匈奴人的生活条件得到了极大的改善，这一切，王昭君功不可没。

3. 环境的转机

昭君出塞前，匈奴战争不断，对战马的需要激增，人们需要大量饲养马匹，草原因此承载着巨大的环境压力，资源的枯竭迫在眉睫。昭君出塞后，匈奴生活环境改善，百姓生存压力缓和，生产方式改变，缓解了草原环境逐渐恶劣的现实，匈奴的居住环境得到了转机。

王昭君的努力印刻在世人眼中，然而在广阔寂寥的土地上，她内心深处也会有些怅然。

"一更天，最心伤，爹娘爱我如珍宝，在家和乐世难寻；如今样样有，珍珠绮罗新，羊羔美酒享不尽，忆起家园泪满襟。二更里，细思量，忍抛亲思三千里，爹娘年迈靠何人？宫中无音讯，日夜想昭君，朝思暮想心不定，只望进京见朝廷。三更里，夜半天。黄昏月夜苦忧煎，帐底孤单不成眠；相思情无已，薄命断姻缘，春夏秋冬人虚度，痴心一片亦堪怜。四更里，苦难当，凄凄惨惨泪汪汪，妾身命苦人断肠；

可恨毛延寿，画笔欺君王，未蒙召幸作凤凰，冷落宫中受凄凉。五更里，梦难成，深宫内院冷清清，良宵一夜虚抛掷，父母空想女，女亦倍思亲，命里如此可奈何，自叹人生皆有定。""落雁"的《五更哀怨曲》在塞外空旷的天空中飘荡，内心的苦闷在这哀愁的琵琶声中回响。孤独而哀伤，却要孤傲而坚强。冰冷的深夜，"落雁"的爱与伤随着边塞的风无限飘荡。

随着时代的变迁，一首诗，一阕词，一段曲，昭君的哀怨在文人的笔下愈加丰富。

《乐府诗集》中《昭君怨》"秋木萋萋，其叶萋黄。有鸟处山，集于苞桑。养育毛羽，形容生光。既得升云，上游曲房。离宫绝旷，身体摧藏。志念抑沉，不得颉颃。虽得委食，心有徊惶。我独伊何，改往变常。翩翩之燕，远集西羌。高山峨峨，河水泱泱。父兮母兮，道里悠长。呜呼哀哉，忧心恻伤"。这首词借用一只被囚禁的鸟，被放逐，抒发着因昭君失去自由，失去幸福而感到彷徨，忧伤。再如马致远的《汉宫秋》，这部全剧四折以楔子的历史剧，渲染了倚强凌弱的气氛，将汉元帝作为全剧的主人公，描绘出汉元帝和王昭君的爱情悲剧。此外，这部作品还特别创造了王昭君在汉匈交界处舍身殉难的情节。

但值得注意的是，文人对王昭君悲剧的描写绝少留意到昭君出塞对汉匈两族带来的有利影响，而是揭露封建政治背景下，女性被统治者剥夺人身自由，走投无路的悲惨命运。文人将时代的悲剧寄托在描写王昭君的作品之中：一个弱女子被放逐到塞外，举目无亲，无力反抗，来引起大众的共鸣。

"落雁"的爱在匈奴的文化和风情上得到了极大的展现，"落雁"的伤在文人的作品中被大量书写，而这种伤是否真的与昭君的内心交相呼应，有待于读者的细细品味。

三　最后的匈奴

呼韩邪单于归汉，汉匈双方相安无事，在他去世后，其后代依旧遵从他的遗嘱，与汉朝和睦相处长达30余年，直至王莽篡位。

公元8年，王莽执政，这位篡权者有着极为远大的抱负：灭匈奴，实现四海升平、国家统一的繁荣局面。他把宣帝时颁给呼韩邪的黄金质"匈奴单于玺"索回，另发给乌珠留单于"新匈奴单于章"（匈奴之上冠"新"字，"新"是王莽篡汉后的国号）。这两种印玺内容的变更，表明王莽蓄意压低匈奴单于的政治地位，把原来汉王朝尊重单于为匈奴最高首领的地位改变成为与王莽新室的诸侯王的地位（汉朝尊重单于的地位在诸侯王之上），即把匈奴政权与汉王朝的藩属关系降成为新室的政治附庸。① 同时，王莽把"匈奴单于"称号改为"降奴服于"，并募兵30余万，准备攻打匈奴，还划分匈奴居地为15部，以达到削弱匈奴的目的。这种激进行为引起匈奴的不满，他们开始骚扰北方边塞。东汉初期，光武帝试图与匈奴重修旧好，奈何单于并不买账：扶植卢芳为汉帝，在五原、朔方、云中、定襄、雁门五郡建立割据政权。此后，东汉王朝对匈奴采取一系列政策：和亲、

---

① 林幹：《匈奴史》，内蒙古人民出版社2008年版，第75页。

军事防守为主，同时加强防御工事，集中力量应对中原的局面，守住北部边塞。

公元前 48 年，匈奴八部族人立呼韩邪单于之孙日逐王比为单于，与蒲奴单于①分庭抗礼，匈奴遂分为南北两部。日逐王比率领的部下南下向东汉俯首称臣，称为南匈奴，居住在汉朝的河套地区；蒲奴单于率领的部下留居漠北，继续与东汉为敌，称为北匈奴。

南匈奴的俯首称臣，大大分化了中原北境的匈奴势力，边境人民得以安居乐业。安定的生活有利于人口的繁衍，公元 90 年前后，南匈奴的人口，连同北匈奴陆续归附的及从战争俘虏的合计，已有户三万四千，口二十三万七千三百，胜兵五万一百七十，较之内附时的四五万人，竟增加四五倍之多。②

公元 184 年，黄巾起义，董卓专权，南匈奴发生内讧，张纯③反汉，勾结鲜卑进攻边郡，汉灵帝派兵征讨，南单于羌渠遣左贤王前往幽州。公元 188 年，匈奴右部与屠各胡一支攻杀单于羌渠，羌渠之子於夫罗继位，而反叛者担心於夫罗报复，另立单于，於夫罗亲至京都，请求汉朝支援。此时，恰逢汉末大乱，於夫罗无奈留在河东。另立的单于继位一年后去世，南匈奴再无继承人。於夫罗滞留在河东后，先后参与了袁绍、袁术与曹操之间的战争。此时的南匈奴已然成为封建军阀，参与中原混战，并在混战的过程中到处劫

---

① 蒲奴单于：呼韩邪单于之孙，乌达鞮侯单于的弟弟。
② 林幹：《匈奴史》，内蒙古人民出版社 2008 年版，第 92 页。
③ 张纯（？—公元 189 年），东汉末年任中山太守，渔阳人。

掠，汉末著名学者蔡邕之女蔡文姬正是在此时被掠到南匈奴，嫁左贤王，生两子，并将生活经历著成《胡笳十八拍》和《悲愤诗》。公元202年，曹操派钟繇在平阳围攻呼厨泉单于，南匈奴归附曹操，蔡文姬重回汉朝。

公元216年，呼厨泉单于率领诸王入朝于魏，曹操遂把他留在邺城（建安十八年曹操为魏王后定都于此，故址在今河北磁县东南三台村），而使右贤王去卑回平阳监督、管理他所管辖的各部落；并听任这些部落散居于并州的西河、太原、雁门、新兴、上郡及属于司隶的河东六郡。① 之后，曹操把南匈奴划分成五部，左部：太原故兹氏县，即今山西省汾阳市；右部：祁县，即今山西省祁县；南部：蒲子县，即今山西省交口县；北部：新兴，即今山西省忻州；中部：太陵县。每部贵族为帅，后改称为都尉，并派司马对其进行监督，南匈奴名存实亡。

公元4世纪，正逢西晋"八王之乱"，司马伦篡位称帝，天下大乱，匈奴人刘渊②在并州起事，立国为汉，自称汉王，占领中国北部的大部分地区。公元311年，刘渊之子刘聪攻占洛阳，公元316年，刘聪攻占长安，灭西晋。公元318年，贵族靳准杀死刘聪之子刘粲及其家人，自立为汉天王。刘聪之弟刘曜在长安称帝，改国号为周，消灭靳准一族。公元328年，羯人石勒擒杀刘曜，赵亡。至此，匈奴在北方迅速衰落，鲜卑入主蒙古高原，匈奴与鲜卑通婚后，后代被称

---

① 林幹：《匈奴史》，内蒙古人民出版社2008年版，第112页。
② 刘渊（公元249年至公元253—310年），字元海，新兴人，匈奴族，南匈奴单于於夫罗之孙，五胡十六国时期前赵的开国君王，于公元304年即位，谥号光文皇帝，庙号高祖。

为铁弗人。南匈奴一支至此销声匿迹。

　　再看留居漠北的北匈奴：天灾，南匈奴、乌桓、鲜卑的攻击，使北匈奴社会经济极度落后，军事力量大大削弱。公元65年开始，至公元72年，他们不断侵扰渔阳、河西一带。匈奴一日不灭，汉朝的潜在威胁便会一直存在。东汉王朝决定征讨北匈奴。

　　因北匈奴胁迫西域诸国共寇河西，东汉明帝于公元72年决定北伐，公元73年，东汉出兵，"遣太仆祭肜出高阙，奉车都尉窦固出酒泉，驸马都尉耿秉出居延，骑都尉来苗出平城，伐北匈奴。窦固破呼衍王于天山，留兵屯伊吾卢城。耿秉、来苗、祭肜并无功而还"。（《后汉书》卷二《耿弇列传》）东汉第一次征伐效果并不理想，但此时的北匈奴因自然环境遭受蝗灾，遂于公元84年求和。公元87年，鲜卑进攻北匈奴左地，优留单于被杀，北匈奴大乱。

　　公元88年，借由北匈奴内乱和不断降汉，南单于请求东汉发兵助其北上统一匈奴，经过群臣激烈讨论，东汉王朝开始二次征讨北匈奴。

　　公元89年，窦宪、耿秉各率领4000骑兵与南匈奴左谷蠡王出征，会师涿邪山。在三军夹攻之下，大破北匈奴于稽落山，北单于逃走。公元90年，窦宪率兵击退北匈奴，夺回伊吾卢，同年，南单于再击北匈奴，北单于受伤。北匈奴一蹶不振，开始西迁。

　　北匈奴经历了乌孙、康居两次西迁后，于公元4世纪中叶，到达了位于今顿河以东的阿兰聊国。阿兰聊国被匈奴击败，许多阿兰人臣服于匈奴并追随匈奴人西征，他们渡过顿河，公元 374 年攻入东哥特人①的领土。

两年后，远在巴尔干半岛之外，多瑙河北岸的沼泽地，无数难民离开村庄在那里聚集，他们恐慌着一个族群，但他们却不知这个族群是从哪里出现的。据罗马历史学家阿米亚努斯描述："一个至今为止不为人知的种族从遥远世界的角落里冒出来，像一阵从高山中降下的旋风，将一切挡在他们前进道路中的物体连根拔起、毁灭殆尽。"这个带有灾难性的匈奴种族揭开了入主罗马，席卷欧洲的序幕。

4 世纪 20 年代，罗马帝国因宗教和政治的分歧分裂成东罗马帝国，即拜占庭帝国和西罗马帝国。公元 400 年秋，匈奴人与罗马人开始迸射出近百年激战的焰火。当时有一个名叫盖尼亚的东罗马帝国的将领，因谋叛失败，潜入多瑙河下游，意欲逃往今之罗马尼亚地区；但此时该地已被以乌尔丁为首的匈奴人所据，乌尔丁为了表示对罗马帝国的友好，捕斩了盖尼亚，并将首级送往君士坦丁堡的东罗马帝国。② 此次战役，匈奴人在巴诺尼亚，即今匈牙利河西一带，建立了统治权。公元 405 年，匈奴将领土扩充到多瑙河的南岸。此时，他们分成了三个部落，由罗干思、孟卓克及韩克答儿三个兄弟统治。公元 406 年，随着阿提拉的一声啼哭，强悍的匈奴王国在若干年后以霸道的方式震慑西方人的灵魂，他们对匈奴的恐惧深深印刻在骨子里，挥散不去。历史学家普利斯库斯描述阿提拉的一生："阿提拉于公元 406 年出生在匈

---

① 东哥特人：哥特人的一个分支，亦为日耳曼民族，东哥特人原住在黑海草原西部地区，公元 4 世纪后半期形成部落联盟。公元 375 年该联盟被匈奴人击溃后，随匈奴人西进。

② 林幹：《匈奴史》，内蒙古人民出版社 2008 年版，第 250 页。

牙利平原，他有两位哥哥，同时是匈奴皇族成员。伴随着他成长中有草原、帐篷、骏马、马车和骑兵。"这位身材短小，胸部宽阔，头大，眼睛小而深陷，鼻塌，面色暗淡，胡须寥寥无几的匈奴人在欧洲，将匈奴领土扩张到极致：从波罗的海到巴尔干，从莱茵河到黑海。

公元413年，东罗马帝国为了应对匈奴的威胁，颁布了一部关于君士坦丁堡的防御特别是新城墙的法令，而这堵城墙以皇帝狄奥多西二世的名字命名。公元418年，在经历了匈奴王国与罗马战争之后，12岁的阿提拉作为议和条约的人质之一被送到西罗马帝国的宫廷，未来杰出的罗马将军埃提乌斯则被送往匈奴。阿提拉在宫廷接受了良好的教育，研究罗马的内部结构及外交政策。正是这段时期的学习，为他日后征服罗马建立帝国提供了极强的思想基础。

公元425年，罗马与君士坦丁堡发动内战，埃提乌斯携重金前往匈奴，希望友军击败东罗马帝国的军队，并许诺事成之后，还会有更多的黄金被送来。于是，匈奴派军奔向意大利，但是当他们到达拉文纳之后，发现篡位者约翰被杀。愤怒的匈奴人转而进攻埃提乌斯所代表的西罗马帝国，终因埃提乌斯无力应战而求和，作为求和的条件，埃提乌斯不得不奉献更多的黄金满足匈奴的贪欲，可谓"偷鸡不成蚀把米"的典范。

公元432年，曾经的三兄弟剩罗干思一人，这位仅存的匈奴王统一了各部落，公元434年，罗干思逝世，他的两个侄子阿提拉和布列达继承王位，这时的匈奴已经拥有了一支足以对抗东罗马帝国的军队和大量的黄金。两兄弟继承王位的前期，与西罗马帝国保持和平的关系，两人的重心是最大限度地压榨东罗马帝国。好景不长，两兄弟因种种原因感情破裂，阿提拉统治着今罗马尼亚的多瑙河下游区域，布列达管理着西方的匈牙利。但是，和平并不是两位统治者所追求的目标，战争所带来的巨额财富无时无刻不在引诱着他们。

　　悲剧的西罗马帝国护国公埃提乌斯此时正在高卢打得不可开交，先于公元 432 年镇压了法兰克人，又打击了从公元 435 年至公元 437 年的巴高达运动，后又开始攻击哥特人，维护边疆的稳定。而此时的东罗马帝国正头疼着海盗般作战的汪达尔人。两个帝国面临的绝望时刻成了匈奴人进行劫掠的最好时机。

　　公元 440 年左右，匈奴人突袭了在康斯坦蒂亚的贸易集会，然后，又袭击了马古斯东部的费米拉孔，而马古斯也未能幸免。公元 445 年，布列达在外出打猎时，离奇死亡。阿提拉成为匈奴王国唯一的首领，统治着横跨 800 公里、纵深 400 公里的王国，王庭设在多瑙河东的大平原上。

　　公元 447 年，阿提拉率兵到达东罗马帝国的首都君士坦丁堡，长期的围困，东罗马帝国皇帝狄奥多西二世被迫求和，第二年，双方签订条约：逃亡者要被遣回，罗马俘虏的赎金从 8 索里达涨到了 12 索里达，东罗马帝国每年支付 2100 磅黄金给阿提拉，并支付 6000 磅黄金偿还旧债。而那些条约中涉及的逃亡者，等待他们的，便是无法容忍背叛的阿提拉对不忠进行的残酷裁决。

　　公元 448—449 年，阿提拉与西罗马帝国的关系因一件悬案的争执发生了破裂，同时阿提拉又提出了他与皇帝弗伦铁年三世的姐姐何诺丽亚的"订婚"问题，要求皇帝将何诺丽亚嫁给他，并以西罗马帝国领土之一半作为嫁妆。① 这种无理的要求被西罗马帝国拒绝，阿提拉开始发动战争。

　　阿提拉的目标是高卢（今法国之地），公元 451 年，阿提拉渡过莱茵河进入高卢北部，同年 4 月，他焚毁了梅斯，包围奥尔良，6 月，因西罗马帝国军队和西哥特军队同时进行抵抗，这座城被解围。这次战争耗时长久，双方没能分出胜负，但阿提拉无意继续征战，撤兵退回匈牙利。而此次战役因匈奴的失败而被认为是拯救了西方世界。

　　公元 452 年，阿提拉重新向西罗马帝国提出与何诺丽亚的婚姻，而其军队已经越过阿尔卑斯山，侵入意大利。这位君主统率的军队伴随着洗劫，并且把意大利东北的军事重地亚基利彻底摧毁，皇帝弗伦铁年三世逃走。匈奴人的部队因发生了饥荒和瘟疫，不得不再次撤回。公元 453 年，这位古代欧亚大陆匈奴人最伟大的领袖戏剧性地死在了女人的怀里。之后，匈奴王国崩溃，匈奴人在世界历史中退出舞台。至此，匈奴凋落。

---

　　① 林幹：《匈奴史》，内蒙古人民出版社 2008 年版，第 256 页。

第六章　蒙古帝国

一　天命的霸主

　　雄才大略，威震万国。当历史的车轮翻滚而来，溅起血与泪交织的豪迈。这便是一个民族，一个帝国对于英雄的赞歌。不儿罕山（圣山）雄伟起伏的山峦是巨人挺起的脊梁，苍狼与白鹿的后裔们用坚韧的品格诉说着这片充满凶险土地上的传奇。而这些都与一个叫成吉思汗的人有关。

　　天生不畏雨雪风暴的侵袭，不惧热沙狂风的扫荡；天生善于攀登林木森森的群山，跨越滴水不见的戈壁；天生要驰骋奔突，与草原和森林的动物图腾——狼和鹿竞技争先。这可能就是对蒙古人，这强悍种族最好的评述。他们形象剽悍，低鼻梁，高颧骨，肤色深棕，胸廓坚实，关节粗大，双腿罗圈。按照近代民族学对于古代蒙古草原上游牧民族的分类，游牧民族分属于阿尔泰语系中的突厥语族及蒙古语族。匈奴、突厥、回鹘、黠戛斯等属突厥语族，东胡、鲜卑、柔然、室韦、契丹、蒙古等则属于蒙古语族。最早的蒙古人来源于东胡，唐代称"蒙兀室韦"，在呼伦池以北，傍额尔古纳河而居。9世纪时，原来称霸蒙古草原的回鹘、黠戛斯相继败亡，迁离草原。大约 9 世纪后期至 10 世纪初期，蒙古各部落逐渐向西发展，此后便与突厥遗民混居。成吉思汗统一各部落之后，部落之间逐渐开始融合，出现了后来的"蒙古族"。蒙古先民从何而来？似乎从一段神话故事可以了解一二。

据说，在北方，有一座茂林密布的额尔古涅·昆山，山上有一个山洞。一天，一匹青色苍狼（孛儿帖赤那），从山洞里走出来，邂逅了一头美丽的牝鹿（豁埃马兰勒），双双从腾汲思海（贝加尔湖）来到了斡难河之源——不儿罕山，从此定居下来。在上天的安排下，苍狼与白鹿相爱，诞下了一子名叫巴塔赤罕。他就是成吉思汗的祖先。

动物图腾作为一种意象、一种信念和象征，在久远的崇拜传唱中蕴孕出丰富的神力母题。"鹰""熊""虎""狼"等在北方少数民族图腾中具有代表性。狼，成为战神和部落的兽祖就更值得一提。对于狼的图腾崇拜除去蒙古族外，大抵还有古突厥人中阿史那氏家族和北方的高车族，以及昔日盛极一时的古罗马帝国。他们都把狼作为自己的祖先或者国家的缘起。

图腾的多元反映了民族历史的动态发展，推及远古游牧部落的图腾崇拜就不能不说中国 5000 年文明的奠基者——黄帝。黄帝的图腾到底是什么？学者认为是"天鼋"，郭沫若解释天鼋即轩辕，《国语·周语下》说"我姬氏出自天鼋"，犹言出自黄帝；容庚亦从此说（《金文编》附录上三）。史树青先生诗曰："五帝三皇此占先，天鼋族氏即轩辕，岗名裴李开新史，裔衍中华七千年。"所以学者认为黄帝族的图腾为天鼋即神龟。

由于生产力不断发展之后，氏族的分裂逐步走向部落的统一。龙图腾的出现恰恰弥补了民族图腾崇拜的缺陷。闻一多先生在《伏羲考》中论证了"龙"是一种"化合式的图腾"，他指出："大概图腾未合并以前，所谓龙者就是一条大蛇，这种蛇名字便叫作'龙'。后来有一个以这种大蛇为图腾的团族兼并了，吸收了许多别的形形色色的图腾团族，大蛇这才接受了兽类的四脚，马的头，鬣的尾，鹿的角，狗的爪，鱼的鳞和须……于是便成为我们所知道的龙。"此后，以汉民族为主的农耕文化进一步强化了龙、凤图腾这一形象，但仍然保留了不同民族的图腾。

而蒙古人把"狼"视为自己的祖先也不无道理，这与早期先民对于萨满教图腾的崇拜有关，更体现了中国图腾神话崇拜的"一体多元"。狼拥有刚毅不屈的品质，团结协作的精神和恶劣自然环境下强大的生存能力。或许是先民们认为这是最可贵的吧。由于游牧活动区域的不断延伸和至高无上的王权思想的出现，人们不断呼唤结束草原各部落之间的长期割据。伴随着先民们对于神灵世界的调整，众腾格里天神也走向统一，于是出现了率领众腾格里天神的至上神——长生天。至高无上的权力由天神"长生天"（草原游牧部落的主神）授予一位地上首领，而拥有这天命神授的霸主就是——成吉思汗。

二　复仇的逻辑

我们把男儿必报之仇给报了，
把篾儿乞惕百姓们的胸膛弄穿了，

把他们的肝脏捣碎了！
我们把他们的床位掠空了，
把他们的亲族毁灭了，
把他们残余的人们也都俘虏了！

——铁木真

　　钢铁天生并不是钢铁，千锤百炼使然。英雄的成长过程无疑是一场自我的战争，往往不是一蹴而就的。艰难、困苦、不幸和磨砺都是英雄蜕变的催化剂。英雄从来都不需要温床的孕育，而是诞生在顽石和峭壁上的花。

　　公元1162年（南宋高宗绍兴三十二年，金世宗大定二年，壬年）秋，一名叫作铁木真的男婴，诞生在迭里温·孛勒塔黑山，蒙古乞颜·孛儿只斤氏贵族也速该把阿秃儿的家中。颇为传奇的是男婴降生之时，手中握有一块凝血。男婴的父亲也速该只不过是乞牙惕支族的普通将领，却留下了勇士不朽的声誉。也速该战胜并杀死了塔塔儿人首领——帖木真兀格和豁里不花。难以掩饰战胜后的喜悦，也速该用其中一敌酋的名字为他的长子命名——铁木真。

　　也速该还参与了客列易惕人之间的争斗，协助落魄的王子登上王位。此时有一个人出现在成吉思汗创业的第一阶段（直到公元1203年），他就是脱斡邻勒。那个马可·波罗笔下的"祭司王约翰"，是成吉思汗一生开始时期的保护人。

　　客列易惕王忽儿察忽思死后，长子脱斡邻勒以强暴手段占据王位，并且杀死了他的两个兄弟：台帖木儿太石和不花帖木儿。还准备消灭他的另一个兄弟额儿客合剌。额儿客合剌仓皇出逃，投奔了乃蛮人。脱斡邻勒的叔父古儿罕鸠集不满侄儿的篡权夺位，将其驱逐。仅带 100 多名亲信出奔的脱斡邻勒，为了获得篾儿乞惕首领的支持而奉献了自己的女儿忽札兀儿，但却收效甚微。无奈之下，向也速该把阿秃儿寻求帮助。也速该慷慨施援，助其登上王位。

> "请助吾一臂之力，帮吾从吾叔菊儿汗手中夺回吾之臣民。"
>
> "汝既如此恳切地求助于吾，吾即同泰亦赤兀惕之二勇士忽难和巴合只前往，替汝夺回汝之臣民罢了！"也速该把阿秃儿慷慨地说。
>
> ……
>
> "吾当永远铭记汝之助力。吾之谢忱将施及汝之子子孙孙，皇天后土做证。"脱斡邻勒赌咒发誓说。
>
> ——《黑林誓言》

两个男人在土拉河黑林对着苍天许下庄严的诺言，盟誓彼此永世安好。这就是"黑林誓言"。

"复仇的责任"之所以被称为现实，是因为它与生存逻辑一样，也是古代游牧民族的游戏规则。[1]

有了脱斡邻勒和也速该许下"黑林誓言"作为后期的保证，真正让铁木真走上复仇之路的却是两个他生命中不可缺失的女人：一个是他的母亲，诃额仑；另一个女人是他的妻子，孛儿帖。

提起铁木真的母亲，那么不得不说游牧民族流行的抢婚

---

[1] 易强：《蒙古帝国》，上海人民出版社 2010 年版，第 14 页。

习俗。根据《蒙古秘史》的记载：一天，年轻的也速该在斡难河放鹰行猎，恰遇篾儿乞惕族的赤列都迎娶别的部落的女子回来。也速该见女子雍容华贵，心中甚是喜爱，于是叫来哥哥捏昆太子和弟弟答里台。兄弟三人合力将这位美丽的夫人劫回了家。她就是也速该的妻子、铁木真的母亲诃额仑。然而被抢的诃额仑却在马车里，哀叹呻吟。

> 我的丈夫赤列都，
> 未曾被冷风吹散过头发，
> 未曾在旷野里忍受过饥饿。
> 可是现在，他却飞奔着逃命，
> 头发纷乱，两根发辫随风摆动，
> 时而搭在背后，时而落在胸前。
> 他怎能沦落到如此狼狈的境地啊！

蒙古诗人描述："她就这样哭诉着，回声使得斡难河水泛起波涛，使得森林随之呜咽。"跟随也速该回去的诃额仑，迅速担当起了一个妻子的责任，全心全意地侍奉也速该。也正是这样一位被劫掠而来的母亲，用她渊博的知识和刚毅果断的性格对于少年时期甚至后期逃难的铁木真起到了重要的作用。

> 抚育其幼子每也，紧系其固姑冠，严束其衣短带，奔波于斡难上下，拾彼杜梨、稠梨，日夜（辛劳）糊其口，母夫人生得有胆量，养育其英烈之子每手持桧木之

剑，掘彼地榆、狗舌，以供其食也焉……①

丈夫的离去，并没有让她一蹶不振。她捡拾杜梨，捕鼠捞鱼，艰辛地养育一群幼子，纠正子女们严重的品格缺陷，让曾经杀死异母兄弟，叛逆的铁木真走上命运的转折。

悲凉是英雄的宿命，但绝不是英雄的墓志铭，复仇才是属于英雄的游戏。

9岁的铁木真与父亲也速该前去母舅家说亲。巧遇弘吉刺部的长老特·薛禅。乞颜部与弘吉刺部长期有着通婚的传统。于是特·薛禅决定将女儿许配给铁木真。铁木真见到的这位面容姣美、举止得体的女子，便是他未来的妻子——孛儿帖。双方定下亲事，也速该很是满意，留下铁木真，独自回去。在路上，也速该遇到了塔塔儿部的人在大摆酒宴，饥渴难耐之下喝了宿敌的毒酒。三天之后，也速该在家中去世。父亲的去世，同族的背弃，铁木真只能和母亲以及同父异母的兄弟们，举家迁离，相依为命。弱肉强食，这就是生存的逻辑，逼迫少年的铁木真血液中狼性的延续，也为他的复仇之路打下了不可磨灭的烙印。

历经万难，成年后的铁木真回到薛禅家把孛儿帖迎娶回家。不久，篾儿乞惕部率领人马又将孛儿帖劫走。他们扬长而去，只留下一句："为报抢夺诃额仑的仇，如今捉住了他们的妇人，我们已经报仇了！"不久，铁木真率军抢回了怀孕的孛儿帖，并未嫌弃她。孛儿帖生下了铁木真的长子——术赤。为报夺妻之仇，铁木真誓将篾儿乞惕部赶尽杀绝。

---

① 道润梯步：《蒙古秘史》，内蒙古人民出版社1979年版，第37页。

据蒙古史诗记载，凡当初参与掳掠孛儿帖的、追击铁木真于不儿罕合勒敦山之篾儿乞惕人，连同"他们的儿子，以及儿子的儿子"，悉被杀戮，统统"化为飞灰"！他们的妻子和女儿悉沦为胜利者之婢妾。其他的幼小的儿女则被掳去，使为奴仆……

复仇让血亲和盟友联合，因为有了相同的敌人，此时胸中燃起的怒火便成了战争的导火索。铁木真找到了称作"父汗"的脱斡邻勒，还有一位就是他童年的玩伴——札木合。有了这两位天赐的力量，最终，铁木真、父汗、札木合三方势力联合4万铁骑一起围剿篾儿乞惕。把掳掠的钱财和粮草都给了父汗，以此作为对他帮助的酬谢。没有真正意义上的朋友，也没有真正意义上的敌人，利益驱使的暂时"同盟"必将顷刻间瓦解。讨伐篾儿乞惕大胜而归后，铁木真和札木合联手商讨复兴蒙古王国的大业。但思想上的不统一，让两个怀揣复兴草原帝国之梦的年轻人在黑夜中分道扬镳。

决裂让草原各部落之间发生了不小的躁动，原先支持札木合的氏族悉数投奔铁木真。铁木真的叔叔答里台、堂兄弟忽察儿、主儿勤氏两位首领薛扯别乞和泰出以及忽图剌汗之子阿勤坛的追随让铁木真的实力大大增强。随即，铁木真率众前往阔阔纳语儿附近的古连勒古山山坡安营扎寨。就在这里，发生了铁木真一生中具有决定性意义的事件：公推他为汗。

关于成吉思汗被拥立的时间有这样两种说法。说法一，据《蒙古秘史》记载：公元1189年，铁木真被蒙古草原上的几个部族推举为可汗之时，即有"成吉思汗"的称号。说法二，依《元史》的记载，公元1206年，统一蒙古各部落后，铁木真才得到"成吉思汗"的称号。无论是前者还是后者都得到了学者的认可，由此，一代枭雄成吉思汗的称号便流传至今。

　　　　我们愿意拥立你为汗。你如果做大汗，我们愿意做你的先锋，为你击败敌人；将所掳的美女艳妇全部送到你的帐下；将所获的好马良骥全部奉献到你的面前。在草原围猎之时，我们愿意作为你的先驱而围；在征战的时候，假如我们违逆你的号令，你可以剥夺我们的家财和妻妾，将我们的头砍下来；在太平的时候，假如我们毁弃誓言，你可以驱赶我们，使我们远离亲人，将我们抛弃在荒野里！①

　　此时有一位蒙古史诗中最优秀的将领出现在了成吉思汗身旁，他战功卓著，骁勇善战，辅佐成吉思汗统一蒙古草原，他就是成吉思汗的四勇将军之一的速不台。

　　为了招贤纳士，成吉思汗迅速拉拢不同氏族的人才。速不台的加入让不断壮大的成吉思汗如虎添翼。成吉思汗对这些人才都许诺并委以官职来分担其统治的重任。此时，在成吉思汗周围聚集了两类人，一类是出身一般、地位卑贱的平民和奴隶，与成吉思汗形成主人和亲兵的关系，是由他直接

---

　　① ［法］格鲁塞：《成吉思汗》，谭发瑜译，陕西师范大学出版社2009年版，第79页。

管辖的部属；另一类是旧贵族，虽然没落但是依然地位显赫，拥有自己的属民，想借助成吉思汗的力量大发战争横财。随着争夺草原各部族的权力斗争日益激烈，这种旧式的贵族联盟便暴露出极其容易分裂，难以统一的缺点。成吉思汗意识到了这一点，所以他所任命的担任重要职务的人物几乎都来自奴隶和属民，建立起了一套巩固自己统治地位的制度。"喂之以人肉，系之以链锁"，以此作为自己巩固统治的基础。同时，在外交活动上主要争取到客列易惕部落王脱斡邻勒的支持，继续承认脱斡邻勒是自己的保护人，甘愿成为客列易惕的附庸。

　　实力被瓦解后的札木合，开始意识到权力重心慢慢转移到曾经的安达（兄弟）成吉思汗手中。无奈之下的札木合只得对成吉思汗采取恭敬的态度。但当成吉思汗还未与其他亲王之间关系决裂之时，为报杀弟之仇的札木合与成吉思汗之间不可调和的矛盾终于爆发。得民心者得天下，真正让札木合失去民众拥护的恰恰是因为他鼎烹战俘的残忍行径。札木合在与成吉思汗结怨之后，集结13部3万人攻打成吉思汗，两军战于答兰巴勒主惕之野，史称"十三翼之战"。这也是成吉思汗60余次战争中唯一的败绩。败下阵来的成吉思汗，且战且走，向哲列捏峡退去。于是，札木合将怒火发泄到俘虏的成吉思汗的支持者们身上。他命人用70口大锅，烹煮战俘，还将捏兀歹部头目察合安兀阿的头颅砍下，系于马尾。札木合的暴行逐渐丧失民心。

　　成吉思汗的开明和大度让越来越多的人投奔而来，他已然成为一位政治上强有力的人物。人们衷心地拥戴成吉思汗，誓死效忠这位草原上的主人。政治风云不断变幻，成吉思汗的保护人脱斡邻勒遭遇了一场政治突变。当年在权力争斗中侥幸逃脱的脱斡邻勒的弟弟额儿客合剌，投奔了乃蛮部，在乃蛮部亦难赤必勒格汗的支持下，将脱斡邻勒赶下台，夺取了客列易惕汗位。落魄的脱斡邻勒孤苦凄惨，成吉思汗收留了他。公元 1198 年，脱斡邻勒再次登上了客列易惕汗位。成吉思汗依旧对"父汗"脱斡邻勒俯首称臣，但权威和势力已经不可同日而语。

于是，铁木真开始向杀害自己父祖的敌人寻仇，逐步实施他的复仇计划。击败主儿乞部，杀其首领，木华黎父子随即投诚。后来，木华黎成为铁木真的第一名将，封太师国王，让其独当一面经略中原。

草原各部落贵族害怕铁木真的崛起，推举札木合为"古儿汗"，即众汗之汗，发誓与铁木真为敌。他们组建了 12 部联军，向铁木真和客列部发动了阔亦田之战。札木合率领的乌合之众经不住铁木真王汗联军的猛烈攻击，不到一天就土崩瓦解，札木合随即投降王汗。随后，铁木真率军进攻塔塔儿部，其首领札邻不合服毒自杀，另一首领也客扯连投降。铁木真追击泰赤兀部，在指挥作战中被泰赤兀部将领射中脖颈，生命垂危。第二天清晨，泰赤兀部众向铁木真投降。

清除了前进路上的一大障碍泰赤兀部，也为铁木真进一步统一蒙古各部减轻了压力，此外，几员部将如神箭手哲别、纳牙阿等的加入逐渐成为铁木真征服天下的得力助手。后来远征西辽消灭屈出律，追赶摩诃末苏丹，活捉秃儿罕太后，击败罗斯基辅大公的也正是他们。

公元 1202 年秋，铁木真集中兵力，消灭了其宿敌塔塔儿部。

公元 1203 年秋，铁木真袭击了一直与自己争战不休的王汗的金帐，王汗父子被打败。

公元 1204 年，铁木真征服乃蛮部。

背信弃义的客列易惕王汗只身一人想投奔乃蛮部，在乃蛮部边界被边将当作奸细杀死，其子桑坤也客死异乡。

曾经强大的客列易惕部被灭后，铁木真占据了水草丰美的东部草原——呼伦贝尔草原。草原上能与铁木真抗衡的部族也只剩乃蛮部，其他不满战败现实的各部落贵族会集乃蛮汗廷，妄图借助"太阳汗"的支持夺回被铁木真占据的牛羊和牧场。但是，草原民众并不希望部落林立和无尽的杀戮局面重演，本来就疲弱的"太阳汗"面对铁木真的攻势更是不堪一击。经过纳忽崖之战，乃蛮部被彻底消灭。

满怀复仇的怒火完成统一蒙古草原的大业后，铁木真也真正地成为全蒙古的最高统治者，建立了大蒙古汗国，标志着蒙古奴隶制发展进入全新的阶段。

三　尘归尘、土归土

> 在天上，只有一个上帝；
> 在地上，只有一个君主——成吉思汗。
>
> ——路易九世

蒙古族是个马背上的民族，他们在马背上降生，在马背上成长，甚至在马背上死去。成吉思汗是个马背上的皇帝，他跨马挥刀统一了蒙古草原，弯刀和马蹄所到之处都被视为自己的领土，为让子孙远离无止的袭扰从而经营一片理想的领地，是成吉思汗发动战争的目的。

统一蒙古草原后的成吉思汗并没有躺在胜利的战果上止步不前，为了巩固其政治统治的稳定，以及王权对征服部落的集中控制，称帝后的成吉思汗采取了一系列行之有效的策略。

政治上，公元 1206 年成吉思汗颁布《成吉思汗法典》，即大扎撒，这是世界上应用范围最广的成文法典，同时也是世界上最早的宪法性文献。这部法典将司法权与行政权分开，由此建立了一套有部落民主色彩的君主政体制度。法典包括：社会管理制度、役税制度、驿站制度、军事法（狩猎、战争、怯薛）、行为法、诉讼法、附则（其中包括对于贵族行为进行制约）。

军事上，建立军事行政和生产结合的领户分封制。把所属的各部分牧民按万户、千户、百户、十户为单位划分。相应地设贵族进行统辖。受分封的贵族虽然有了一定的属地，却是除去了血缘的地域划分。这种制度加强了对牧民的控制，巩固了奴隶主贵族的特权和统治地位。成吉思汗在实行领户分封制的同时，蒙古军队也随即建立起来。"上马则准备战斗，下马则屯聚牧养"，实行军政合一的军事体制，为了加强汗权，成吉思汗还从贵族和平民子弟中挑选得力的干将组成亲卫军，叫作"怯薛"制度，增强自身统治力。

宗教和文化方面，成吉思汗深刻地意识到宗教对于政治的积极作用，宽容并尊重不同部落对不同宗教的信仰，同时将蒙古社会游牧民当中崇拜的萨满教加以利用，建立别乞（长老）制度，委任兀孙老人为别乞，专管萨满教事务，使其为蒙古汗国的统治效劳，但绝不能危及大汗的统治。

据《蒙古秘史》记载："成吉恩合罕又降旨谓兀孙老人曰：兀孙，忽难，阔阔搠思，迭该，此四人，未尝隐匿其所见所闻而常告之焉。常言其所知所思焉。蒙古之制，有为别乞官之道，巴阿邻长者之子孙也，别乞之制，在俺（蒙古）中，自古（有之），兀孙老人其为别乞乎！遂封为别乞，衣以白衣，乘以白马，坐于上座而行祭祀，又使其岁中，月中议之……"①

随着奴隶制国家形成和发布文诰的需要，亟须创制自己的文字——蒙古文字。12世纪时，乃蛮部人已经向邻近的畏兀儿人学会了文字拼写的方法，用来记录蒙古语言。成吉思汗征服乃蛮部后，俘虏了其中一名叫塔塔统阿的畏兀儿人。他曾是太阳汗帐下的掌印官，被太阳汗尊为国傅，掌管金币和钱谷。成吉思汗将其留在左右，并命其用畏兀儿字母拼写蒙古语言，教太子诸王学习。从此之后蒙古文书皆"行于回回者则用回回字"。

做好了一系列统治内部调整之后，成吉思汗扩张的步伐越发急促起来。蒙古汗国的建立让成吉思汗兵强马壮、粮草充沛、民众安居乐业，但是并没有遏制蒙古贵族扩大地盘的野心。游牧民族的血液中的狼性让杀戮和战争慢慢开始——平定华夏。与蒙古毗邻接壤的经济文化较发达的先进地区，诸如金、西夏、西辽和花剌子模等，正处在内部矛盾尖锐、统治濒临衰亡的阶段。成吉思汗家族依靠强大的骑兵和武力，发动了大规模的战争。

从公元1205年开始，历经二十余年与西夏的战争，重

---

① 道润梯步：《蒙古秘史》，内蒙古人民出版社1979年版，第242页。

创西夏，逼迫西夏国王乞降。

公元 1211 年，成吉思汗亲率大军，首站乌沙堡（今河北张北西北）大捷；经野狐岭、会河堡，战怀来、缙山，歼灭金军精锐无数；重创金军于东京、西京、居庸关等地。

公元 1214 年，成吉思汗封木华黎为太师、国王，指挥攻金战争，自率主力返回草原准备西征。

公元 1218 年，派遣先锋哲别灭西辽，扫除西征的障碍。

公元 1219 年，因西域花剌子模国杀蒙古国商人和使者，成吉思汗率军征讨。

战争中患病的成吉思汗于公元 1227 年病逝，在成吉思汗病逝前，其子嗣中发生了对汗位的争夺，因此成吉思汗挑选了一人作为汗位的继承人。他的出现让成吉思汗的扩疆的梦想得以延续，他就是成吉思汗的第三子窝阔台。窝阔台遵从成吉思汗的遗愿，承担起灭金伐宋的重任，联合南宋于公元 1234 年灭金。

但值得一提的是，蒙古王国的三次西征对于整个世界格局的影响和意义是极其深远的。第一次，公元 1219 年至公元 1225 年，成吉思汗发动西征，严惩杀害蒙古使者和商队的花剌子模国，此次西征远抵里海与黑海以北、伊拉克、伊朗、印度等地，为第二次西征做出试探性的一步。第二次，公元 1235 年至公元 1242 年，成吉思汗之孙子拔再次率军西征，远至钦察、俄罗斯、匈牙利、波兰等国家和地区，并且建立了第一个西北宗藩国——钦察汗国。第三次，公元 1252 年至公元 1260 年，成吉思汗之孙旭烈兀将"上帝之鞭"伸向了西亚，此次远征至叙利亚、埃及、伊拉克等国家和地区，并在真主的土地上建立了伊尔汗国。这三次西征，成吉思汗及其子孙被人称为世界的征服者。

作为游牧民族的蒙古国，进行西征是国内和外部环境发展的必然趋势。一方面，蒙古国作为新建立的中央集权制国家，在成吉思汗的领导下，人民生活富足，但仍然无法满足贵族想要得到更好物质生活的欲望。另一方面，蒙古人信仰萨满教，成吉思汗依托"长生天"的意志为统治和征服世界找到托词。而早在蒙古西征之前，"丝绸之路"曾因战争、冲突一度荒废，但蒙古仍依托丝绸之路进行货物贸易。中亚国家如花刺子模国的贸易干预和劫掠触及了蒙古国的利益，这便成了西征开始的导火索。

蒙古军队的三次西征，不但是一个世界性的、空前重大的历史事件，更是在时间和地域上对于不同地区人在观念上产生了深远的影响。虽然蒙古国的西征对被侵略的国家和民族造成了巨大的伤害，但却加速了东西方之间文明交流的进程，消除了国界的限制，让整个亚洲大陆畅通无阻。缩短了各民族经济贸易交往的距离，往来开始频繁，互通有无，中亚伊斯兰文化与中原黄河流域文化得以广泛交流。

蒙古帝国时期，阿拉伯世界的文明成果如天文、数学、医药、建筑、艺术等逐步通过"丝绸之路"的通畅进入中国。中国的文明成就如火药、纸币、印刷术等也通过阿拉伯人传播到西方世界，加速了不同文明之间的交融，间接影响欧洲后期的文艺复兴。蒙古帝国兼容并蓄的宗教政策，促进了不同地域的民族团结和对文明的理解。宽容的宗教政策为各种宗教在蒙古帝国境内的发展和自主宣传宗教信仰提供了强有力的政治支持。对于佛教、伊斯兰教、基督教、儒教、道教、犹太教、摩尼教等东西方宗教的相互流传、并存相容起到不可忽视的影响。不同宗教在传播的过程中使科学、艺术迅速转化到社会生活的方方面面。也正是西征的杀伐，对于不同文明产生了强烈的冲击，让蒙古帝国在征服先进文明的过程中，逐渐加速自身的文明转化的进程。不言而喻，三次西征对于中华民族的贡献是巨大的，对于世界历史的前进也起到积极的推动作用，也揭开了现代世界的序幕。

公元1260年，成吉思汗的孙子忽必烈即位大汗，建元"中统"，建立了中国历史上第一个少数民族建立的大一统帝国，定都大都（今北京）。公元1271年取《易经》"大哉乾元"之意改国号为大元，随后，清除金的残余势力，平大理，灭南宋。结束了五代以来的分裂割据局面，随后逐步扩张，入侵高丽、日本及东南亚诸国，屡遭失败。中期皇位更迭平凡，经济发展有所进步，仍未能恢复到宋朝时的水平。经过逐步扩展，元统一后的疆域，北到北冰洋沿岸，南到南海，西南包括今西藏、云南，西北至今新疆东部、中西伯利亚，东北至外兴安岭、鄂霍茨克海。分别设中书省、宣政院以及10个行中书省管辖。还拥有高丽、缅甸、安南藩及钦察汗国、察合台汗国、伊儿汗国等国。北有漠北诸部、南有南洋诸国、西有四大汗国。另外，其中有两个直属藩属国高丽王朝与缅甸蒲甘王朝。

历经后代无数杀伐和征战，在蒙古黄金家族的带领下，来自北方的苍狼们建立了人类历史上规模最为庞大的帝国。这个幅员辽阔的国家拥有一望无际的草原、繁荣宏伟的城市、高耸入云的山峰、宽广的沙漠与无垠的海洋，国家边缘的气候可以从灼热高温降至令人麻痹的寒冷，广袤的群山中蕴藏着无尽的物产。在这片占整个世界陆地面积五分之一，近3300万平方公里的疆域，更是无数民族、一亿多人口所赖以生存的家园。也正是在这片土地上，曾经灭国无数的庞大国家机器开始轰鸣运转，驱动着历史的车轮滚滚向前，试图找到属于自己的道路。

无可否认的是，这是东西方各民族第一次共同生存在一个统一且强大的帝国当中，"这些帝国的子民们应该感到幸福"，来自北方草原的征服者在审视着自己的庞大版图时理所当然地如此认为。在征服者的眼中，生存空间足够宽广、牧场足够辽阔、臣民不计其数，一切都趋于完美。然而在完美的表象之下，不完美的东西逐渐显露，征服者们尴尬地发现，这种不完美，来源于自身。

这种不完美赤裸地体现在征服者自己的身上——与自己的臣民数量相比，征服者们的民族人口，实在是渺小到几乎可以忽略不计。

这种尴尬所带来的问题不可忽视，作为一个统治民族，蒙古人口稀少且社会发展落后，如果不能巩固强化自身统治地位，被无数人拉下皇位的噩梦将很快变为残酷的现实。然而如何才能让自己安稳地坐在统治者的高位上而不被人推翻呢？

后世的历史学家对于落后民族统治先进民族的方法，总结出两点内容相近而本质却完全不同的手段：自然同化与强迫同化。

所谓自然同化，便是落后民族通过不断吸收先进民族的文化逐渐改变，最终丧失本民族的特性，演变为别的民族。在这一演变过程中，没有任何暴力的强制手段，一切同化进程都是自然且自愿的。中国历史上有很多自然同化的例证，古代北方回鹘、鲜卑、羯、氐、羌等民族进入中原后，接受了汉族的社会体系与生活方式，被汉族自然同化，最终极大地促进了民族融合。

作为社会发展处于弱势地位的蒙古民族是无法通过自然同化的手段而将自己的臣民与自己同化，因为这样做的结果将是自己终将被汉族所同化，为了能够"驯化"自己的臣民，他们所能够使用的手段只剩下"强迫同化"。

"强迫同化"顾名思义，便是一个民族使用暴力手段和政治强权强迫其他民族放弃自己的民族特性，最终成为征服者民族的一部分，而这样的手段，因为其高压性质而终将导致同化过程的不稳定乃至最终崩溃。

然而命运总是喜欢在冥冥之中和所有人开一个荒诞且致命的玩笑，这样的玩笑如同一根柔弱的手指，在历史的车轮上轻轻一推，就改变了历史发展的方向，蒙古的征服者们最终选择了最不该选择的手段——强迫同化政策。

为了加强自身的统治地位，蒙古人开始在全国范围内人为制造民族矛盾，以期分化瓦解各地区各民族的反抗斗争，从而达到"分而治之"的目的，因此元朝统治者开始大规模推行压迫歧视色彩浓厚的民族等级制度。元朝统治者将其治下的所有人口由高到低分为四个等级：蒙古人、色目人（除蒙古人与汉人外的其他少数民族）、汉人、南人（特指南宋各族遗民），在这一等级体系下，各民族的经济、政治，乃至人身权利都变得极为不平等。在法律上，元朝朝廷颁布禁止汉人聚众与蒙古人斗殴的法令，蒙古《通制条格·汉人殴蒙古人》中写道：蒙古人与汉人争，殴汉人，汉人勿还报，许诉于有司。蒙古人杀死汉人，只需赔付价值一头驴价钱的银两了事，而汉人杀死蒙古人，不仅处以死刑，还要断付正犯人家产，余人并征烧埋银（《元典章·卷四十二·刑部·诸杀》）。在政治上，各级行政机构当中，长官一职只能由这一体系顶层的蒙古人担任，其他民族只能担任副职以下官职。例如相当于国防部的枢密院长官枢密院事，终元之世，汉人从未当选，而御史大夫等重要官职也从不见汉人担任，所谓"台端非国姓不授"，便是如此。在社会制度上，蒙古人甚至一度废除了科举制度，直至元朝建立40年后，才重开科举，然而在堪称中国封建社会平等之最的科举中，蒙古统治者也不断玩弄民族歧视的伎俩，朝廷规定蒙古人、色目人参加科举考两场，汉人与南人需考三场，御试时虽然四种人都考试策问一道，但只要求蒙古人和色目人在五百字以上，而汉人和南人必须在千字以上。另外，在考试内容上也有分别，出给蒙古人、色目人的题目比较容易做，出给汉人、南人的题目比较难做。放榜时，蒙古人、色目人列为一榜，称"右榜"，汉人、南人另列一榜，称为"左榜"，如果蒙古人、色目人愿意参加汉人、南人的考试，录取后的待遇可提高一等。

然而诸如此类的民族歧视政策不但没能保住蒙古人的统治地位，最终却引燃了整个帝国疆域内所有受压迫民族的揭竿而起。在元末期，整个帝国疆域内社会各阶层无不奋起反抗，对此，明朝开国皇帝朱元璋的《奉天北伐讨元檄文》一语道出了蒙元政权为众人所摒弃的原因：

> 元之臣子，不遵祖训，废坏纲常，有如大德废长立幼，泰定以臣弑君，天历以弟鸩兄，至于弟收兄妻，子

征父妾，上下相习，恬不为怪，其于父子君臣夫妇长幼之伦，渎乱甚矣。夫人君者斯民之宗主，朝廷者天下之根本，礼仪者御世之大防，其所为如彼，岂可为训于天下后世哉！

及其后嗣沉荒，失君臣之道，又加以宰相专权，宪台抱怨，有司毒虐，于是人心离叛，天下兵起，使我中国之民，死者肝脑涂地，生者骨肉不相保，虽因人事所致，实乃天厌其德而弃之之时也。古云：胡虏无百年之运，验之今日，信乎不谬。

当此之时，天运循环，中原气盛，亿兆之中，当降生圣人，驱除胡虏，恢复中华，立纲陈纪，救济斯民。（朱元璋《奉天北伐讨元檄文》）

公元1368年，立国仅仅97年的庞大元帝国在风雨飘摇中灰飞烟灭，明朝的建立标志着中原大地再度回到汉人治下。

第七章　烈烈西夏

　　顺着国道 110，从北京经过河北、内蒙古，到宁夏银川时，人们总是会看到路旁几座巨大的土包。突兀，耀眼。这就是西夏最后的见证：西夏荒冢。

　　党项，这个自称是猕猴之后的羌族一支，在经过大迁徙后，从西藏来到贺兰山脚下。本来打算在这片土地上繁衍生存，建立党项民族的天下，可仅仅存在了 190 年，之后，它就神秘地消失于历史深处。

　　它迫使人们不得不思考一系列的问题，就像网络作家顾非鱼在《西夏死书》中写到的那样：

　　　　一个哀而不伤的名字，一个死而不亡的种族。他们从何方来，又去往了何方？他们想为后世留下什么？

一　西夏建国

　　　　怒发冲冠，凭栏处潇潇雨歇。
　　　　抬望眼，仰天长啸，壮怀激烈。
　　　　三十功名尘与土，

八千里路云和月。

莫等闲，白了少年头，空悲切。

靖康耻，犹未雪；

臣子恨，何时灭。

驾长车，踏破贺兰山缺。

壮志饥餐胡虏肉，

笑谈渴饮匈奴血。

待从头收拾旧山河，朝天阙。

　　岳飞《满江红》中的"驾长车，踏破贺兰山缺"使得贺兰山之名家喻户晓，于是，当人们千里迢迢地来到贺兰山凭吊古人时，发现的却是西夏的传说。

　　传说在唐末，黄巢起义军攻入长安，作为唐朝藩镇的党项族宥州刺史拓跋思恭率部参加镇压起义军有功，唐僖宗封他为夏州节度使，赐其部为"定难军"，晋爵夏国公，领夏州（今陕西横山）、宥州（今陕西靖边）、静州（今甘肃静宁）等五州之地，再赐拓跋思恭李姓。从此以拓跋氏为首的党项族如虎添翼，成为这一地区的一支割据势力。五代时期，党项政权虽然对相继统治中原的政权都表示臣服，但实际上完全保持着自己的独立地位，并乘中原群雄争霸之机，进一步发展壮大了自己的力量。后来党项首领李继迁又利用宋辽之间的矛盾，采取了联辽反宋的策略，从中虚委周旋，在经济上大得利益。公元1002年，李继迁攻占西北边塞重镇灵州（今宁夏灵武西南），改为西平府，作为自己的都城。这场"灵州之战"也是西夏由弱变强的转折点。"灵州初临于赵保吉，从此西夏穗成强敌"，也为西夏的建立奠定了初步基础。

西夏从一开始就建立在血雨腥风中，他的每个领袖、帝王都是在征战中发展起来的，所以必不可免地要经历各种各样的生死考验。就在李继迁占领了凉州等河西重镇，击退了与北宋联合的河西吐蕃六谷部时，他万万没有想到对他俯首归降的西凉六谷部首领潘罗支其实是假装投降。两年后，也就是公元 1004 年，潘罗支集六部蕃部合攻李继迁大军，李继迁也在这场战争中身亡。

《宋史》列卷第二百四十四记载："遂率众攻西蕃，取西凉府，都首领潘罗支伪降，继迁受之不疑。罗支遽集六谷蕃部及者龙族合击之，继迁大败，中流矢。"

李继迁的一生可以说是辉煌的，他的骁勇善战为他的一生增添了壮丽的色彩，可是李继迁的死也代表着党项人民的一种命运，他的死亡没有代表结束，而是传承到子孙的另一种开始。但是李继迁的死亡也让我们看到他不听忠言、狂妄自大的一面。在他攻破西凉府，潘罗支向李继迁伪降时，西夏大将张浦见其有诈，向李继迁劝言："兵务慎重，贵审敌情。潘罗支多年来倔强不倨，现在兵锋未挫就归顺我们，完全是假的。不如将计就计将他消灭。"可是，李继迁不听劝。导致潘罗支乘其不备攻打党项兵，李继迁身中数箭，逃回西平，伤势过重，不日身亡。

《西夏书事》也曾记载："诸族慑从，逆者攻以兵，顺者役其众。卒之暴戾速亡，骄盈致败，不死于天讨而死于流矢，佳兵不祥，理固然耶！"

公元 1004 年 1 月，怀着丧父之痛的心情，李德明在李继迁的灵柩前嗣位，称定难军留后。李德明为李继迁之妻野利氏所生。李德明史称"深沉有气度，多权谋"，"精天文，通兵法"。（《西夏书事》卷八、卷九）骁勇善战的他在初立时，做的第一件征战之事，就是为父报仇。同年，便派兵与潘罗支内部的李继迁旧部里应外合，攻杀宋朝朔方节度使潘罗支，报了杀父之仇，并乘胜将潘罗支弟弟厮铎督占领的凉州（即西凉府）收回。之后李德明谨听父亲遗言上表宋朝要求归附，麻痹宋朝。

　　李德明在位期间，据《简明西夏史》介绍，由于他执行了一条保境息民，发展生产，同辽、宋友好，以及统一河西的路线和方针，使西夏社会得到了较快的发展。李德明的谋略才华在为西夏国的建立方面做出了很大的贡献。虽然李德明没有立国称帝，但是他所做的一切都帮助西夏割据一方。

　　李德明还为立国做了大量的准备工作，比如大修宫室，营建新都，立元昊为太子等。

　　李元昊，西夏的开国皇帝夏景宗，他的一生可以说具有神秘的传奇色彩。在党项族和宋朝对他有着许多神奇的传说。李德明对他抱有很大的期望，而他也确实没有辜负对他的期望。据说元昊的母亲卫慕氏在怀李元昊之前，梦见白龙，于是才怀有元昊，李德明甚是喜爱李元昊。《西夏书事》也曾记载："卫慕氏，银州大族，尝与德明游贺兰山，夜梦白龙绕体，遂有妊，怀十二月，至是月五日生，啼声英异，两目奕奕有青光。德明爱之，字为嵬埋。国语谓惜为嵬，富贵为埋也。"少年的元昊就表现出了卓越的能力，李元昊身材魁梧，经常穿着白色的长袖衣，头戴黑冠，身佩弓箭，很是耀武扬威。幼年学习时，勤奋好学，尤其喜爱法律和兵书，而且还饱读诗书。

《宋史》记载：元昊"性雄毅，多大略"，"晓浮图学，通蕃汉文字"。

他在其父在位期间就已经有了卓越的功绩，不断地对外出战，扩大势力。李元昊的事迹我们可以分为两部分来讲，一部分就是他的丰功伟绩，而另一部分就是他本身的不足之处，而他的死亡又带给我们了解了他的传奇。

公元 1032 年，李元昊以太子的身份继位。他为了脱离宋朝，为了独立，后来废除唐宋分别赐的李、赵姓，改姓嵬名，改名曩霄，自称兀卒，以元魏王室后裔自居，并以严酷手段彻底剪除守旧派。于大庆三年十月十一日（1038 年 11 月 10 日）自立为帝，脱离宋朝，国号"大夏"，亦称西夏，定都兴庆府。在《简明西夏史》里有这样一段描述：

> 18 世纪法国思想家爱尔维修指出："每一个社会时代都需要有自己的伟大人物，如果没有这样的人物，它就要创造出这样的人物来。毋庸置疑，元昊是西夏历史上的伟大人物。"但是李元昊的一生也是多变的，他的不足之处也是导致西夏后面母党专政的原因。李元昊在位 16 年（公元 1032 年继承王位起计），猜忌功臣，稍有不满即罢或杀。另外沉湎酒色。

> 李焘《续资治长编》载元昊凡七娶："一默穆氏，舅女也，生一子，以貌类他人，杀之；二索氏，始曩霄攻牦牛城，讹传战没，索氏喜，日调音乐，及曩霄还，惧而自杀；三多拉氏，早死；四密克默特氏，生子阿哩，谋杀曩霄，为

鄂桑格所告，沉于河，杀密克默特氏于王亭镇；五野利氏，约噶从侄。颀长，有智谋，曩霄畏之，生三子，长曰宁明，喜方术，从道士修篁学，辟谷，气忤死；次宁凌噶（宁令哥），貌类曩霄，特爱之，以为太子；次锡狸，早死。六耶律氏；七没啰克氏（没啰氏），初欲纳为宁凌噶妻，见其美，自取之，号新皇后。宁凌噶愤杀曩霄，不死，劓其鼻，曩霄因创死。"

李元昊虽一生七娶，但是也有他终其一生宠爱的女人，就是夏毅宗拓跋谅祚的生母没藏氏。传说她气度高华，姿容秀丽，是党项族中美女中的美女。她前后嫁过两位丈夫，一个是西夏开国功臣野利玉乞，号称天都王，一个是西夏开国皇帝李元昊。李元昊算是对她的宠爱终其一生，相比李元昊其他的几位妃子有着不同的待遇。

李元昊对于政权的控制有着强烈的欲望，他不会放过任何一个威胁他地位的人，包括其生母卫慕氏。卫慕氏的兄弟卫慕山喜曾经预谋刺杀李元昊，以夺其位，阴谋败露后，遭到李元昊惨烈的报复。杀掉了包括生母与妃子在内的卫慕全族，最后连卫慕氏妃子为他生下的儿子都杀掉，其事可见李元昊手段毒辣的一方面。

元昊的第一任皇后野利氏，就是没藏氏的第一任丈夫野利玉乞的妹妹。但是李元昊还是一直爱慕着没藏氏。野利家族的战绩显赫，一直是宋朝军队的心腹大患。元昊坐稳了宝座之后，对部族首领的依赖没有那么大了，为了把权力统统集中到自己手里，于是"诸部大人且尽"，其中包括势力最庞大的野利家族，而宋朝利用李元昊善猜忌、任意诛杀的特点，挑拨他与野利兄弟的关系，终于李元昊上当并下定决心，腰斩了野利玉乞。一代西夏名将，走上了最凄惨的末路。美丽的没藏氏失去了长相厮守的丈夫，变成一名寡妇，李元昊如愿以偿，将其收入了自己的后宫。不久没藏氏怀上了龙子。赐名谅祚。

当朝皇后并不是没藏氏，而且太子人选也是定下来的，但是就因为李元昊的好女色，猜忌，弑杀的特点，最后导致了太子的移位及惨死。

年轻的皇太子和元昊相似，元昊也对其十分宠爱，本来打算为他娶党项大族没哆皆山的女儿没哆氏为妻。但是因为李元昊好色，看中没哆氏的年轻美艳，抢走儿子的新婚妻子，自纳为妃。"吾女嫁二十年，止故居，而得没哆女，乃为修内（这里指天都山离宫）。"（《西夏纪实本末》卷十七《宁令弑逆》）皇后野利氏因为对李元昊积怨过深而口出怨言，被元昊所废。而这时李元昊终日吃喝玩乐，不愿过问军国大事。

皇太子宁令哥怒火满腔，又有着其父亲的血性传承，不愿这样忍气吞声。国相没藏讹庞又挑拨他，如果刺杀李元昊，就拥戴他做西夏皇帝。宁令哥信以为真，决定铤而走险。延祚十一年正月初二（公元1048年1月19日），李元昊酒醉回宫，其子宁令哥趁其酒醉时，将其刺杀，元昊惊觉躲闪，被削去鼻子，惊气交加，最后因失血过多，鼻创发作，不治而亡，享年46岁，谥号武烈皇帝，葬泰陵，庙号景宗。后来宁令哥与母野利氏因其弑父之罪被处死。

就这样一个王朝的创始人在这种具有戏剧性的事件中结束了自己的一生，他的王朝又会怎样呢？

二　神秘的信仰与文字

身披鹿皮，头顶一对牡鹿的角，脸像猫头鹰，又长着两只狼耳朵，上肢似熊臂，还拖着一条马尾巴，这到底是什么奇怪的动物？其实这是原始人心目中巫师的形象。旧石器时代末期，原始人认为，由于生产力十分低下再加上原始人获取食物的途径以狩猎为主，他们不知道怎样对付大自然，固执地认为食物的来源是否充足，他们能否无病无灾，能否交上好运，全受某些神力的支配，因此只好求助于超自然的存在，这就决定了他们对于神灵的崇拜和敬畏，他们相信巫师是人与神之间的媒介，他们花费大量的时间和精力虔诚地祈求神灵开恩，好让他们的生活富足起来。

从史前文明到亚洲大陆的古典文明，西夏人和原始人一样，认为冥冥之中有一种力量主宰着这个世界，那时的他们并不知晓狂风大作、地动山摇、季节变化这些是自然现象，而是对这些神秘力量充满敬意。现藏于艾尔米塔什博物馆的一个西夏佛教手工制品"星魔圈"向我们诉说着曾经生活在黑水城里西夏人神秘的星曜崇拜。

早期的西夏人普遍认为倘若天空日月同现，必是有人亵渎了天上的神灵，定会招来神的惩罚；天有异象，家国动荡。为了保家护国，他们只有祈求天上神灵宽恕人类的无知和放肆，祭祀天神是统治者维护统治、稳定民心的重要手段之一。西夏统治者专门设置观测天象的"史卜司"，并且修建规模宏大的星曜崇拜场，从民间"招贤纳士"，挑选精通星曜之术修行深厚的术师，观星相，测凶吉。

　　西夏人所崇拜的星曜有 11 个：日神、月神、金星、木星、水星、火星、土星以及印度神话传说中流传下来的紫炁神、月勃神、罗喉神、计都神。11 个星曜中有福星有灾星。

　　西夏人对星曜的崇拜慢慢发展为每一个星曜都赋予人的形象。通常情况下，代表着光明和阳性日神在星曜中处于最为重要的位置，往往被赋予帝王或大臣的形象，头冠上饰有太阳的象征——三足乌。代表黑暗和阴性的月神，通常都是手托绘有玉兔的圆盘的皇后形象出现。这种为星曜赋予人类形象的行为，一方面体现了西夏统治者为了巩固统治地位，千方百计地借助神灵的力量以实现千秋万代、与天共齐的愿望；另一方面这一行为潜移默化地将老百姓心中的统治者形象神化，一定程度上巩固了其统治地位。

　　佛教传入之后，西夏人将本民族豪放狂野的民族精神融入佛教，形成了自己独有的佛教艺术文化，这一点在莫高窟中有明显的体现。西夏统治者素来信奉佛教，宋天圣八年（公元 1030 年），"德明遣使如宋，献马七十匹，乞赐佛经一藏，从之"。历史上曾记载：李元昊"晓浮图学，通蕃汉文字"。公元 1038 年，由李元昊主持，历时 53 年，以西夏文翻译从《开宝藏》中拣选出来的经典 820 部，3579 卷，分装入 362 帙中，完成《西夏文大藏经》的翻译与结集工作。《西夏文大藏经》的完成，使佛教在西夏得到更为广泛的传播。西夏历代统治者都非常推崇佛教，还曾不远万里派人去印度求取佛法。不仅是佛经，如今黑水城遗址内遗留下的二十多座佛塔——向我们诉说着那时西夏人民虔诚礼佛的动人故事。

　　2001 年首次在西夏王陵所发现"琉璃五角花冠迦陵频

伽"是西夏佛教盛行的有力证据,是西夏佛教艺术文化的精华。这件文物是以建筑构件的形式存在的,约半米高,陶胎绿釉,人首鸟身,面目安详,戴五角花冠,双手合十于胸前,双翅展开,长尾高翘,双腿连爪跪骑于卷云纹的长方形座上,仿佛正飞翔于云端,在海天佛国里尽展美妙的声音和优美的舞姿。

佛教中"迦陵频伽"是一只人首鸟身的神鸟,其声音美妙动听,婉转如歌,在佛教经典中,常以其鸣声譬喻佛菩萨之妙音。《慧苑音义》云:"迦陵频伽此云妙音鸟,此鸟本出雪山,在壳中即能鸣,其音和雅,听者无厌。"《正法念经》中说:"山谷旷野,其中多有迦陵频伽,出妙音声。如是美音,若天若人,紧那罗等无所及音,唯除如来言声。"

佛教进入党项社会以前,党项人几乎没有共同的、系统完整的宗教信仰。在民间主要流行的是自然崇拜、鬼神崇拜和巫术诅咒等原始宗教形式。党项人在长达几个世纪的时间里,先后经历了吐蕃政权的种族欺凌,长途迁徙的流离颠簸,"安史之乱"和藩镇割据的战乱动荡,加上民族的压迫及本民族统治者的剥削,饱受人间苦难的党项人需要灵魂的抚慰,需要在彼岸世界找到幸福和欢乐,在佛教传入西夏以前,党项人并没有作为"对现实苦难的抗议"的宗教,没有作为"人民幻想的幸福"的宗教。佛教正是在这样的历史背景下,得以在西夏社会广泛传播,渗透党项人的心灵之中的。在佛教的传播过程中,一方面与党项原始宗教形式进行了长期和复杂的斗争;另一方面又相互影响、相互吸收和相互融合。①

　　党项族是我国古代民族中拥有自己文字的少数几个民族之一。党项文又称作西夏文，它是依照汉字的结构创制出的一种文字。由于史书记载的不同，至今关于西夏文字的创制有不同说法，一说是元昊之父李德明在位时所创。《辽史·西夏传》记载："德明晓佛法，通法律，尝观《太乙金鉴记》《野战歌》，制蕃书十二卷，又制字若符。"学者们一般认为此说似难成立，多倾向于元昊即位后，命大臣野利仁荣创制了西夏文。《宋史·夏国传》记载："元昊自制蕃书，命野利仁荣演绎之，成十二卷，字形体方整类八分，而画颇重复，教国人记事用蕃书，而译《孝经》《尔雅》《四字杂言》为蕃语。"沈括的《梦溪笔谈》记载："元昊果叛，其徒遇乞先制造蕃书，独居一楼上，累年方成，至是献之。元昊乃改元，制衣冠、礼乐，下令国中悉用蕃书、胡礼，自称大夏。"这些说法虽各不相同，但大体上是元昊即位后，由他主持创制的。西夏文在甘宁地区使用了 200 年之久，曾是这一带文化传播的主要工具。西夏灭亡后，蒙古对西夏中心地区的破坏虽然十分严重，但仍允许西夏文在一定范围内流通。如忽必烈时期，曾颁令制河西字（即西夏文）佛经版，并曾多次刊印西夏文佛经。

　　但随着西夏的灭亡，那些曾经记录着西夏之历史的文字便成为"天书"，再也没有人认识。直到有一天，在武威文庙发现了西夏碑（亦称"重修护国寺感应塔碑"）之后，这才找到了打开西夏历史及文字的钥匙。

---

　　① 杨建新：《论西夏文化》，《西北史地》1996 年第 6 期。

三　西夏之亡

明代诗人云："贺兰山下古冢稠，高下有如浮水沤。道逢古老向我告，云是昔年王与侯……"

当蒙古大军的铁骑踏上贺兰山，随着西夏的灭亡，党项民族的政权便消失在历史的长河之中。虽然西夏在中国历史上只存在了短短的190年，但是它在当时曾与宋、辽鼎足而立，号称"宋代三国"。但为什么历史上对于西夏的记载寥寥无几，元朝建立后为宋、辽、金编写了《辽史》《金史》《宋史》，而独独没有编写西夏史。这里到底有着什么样的原因呢？

这也许得从成吉思汗的死因说起。对于成吉思汗的死因历来说法很多。据《蒙古秘史》记载，在出征西夏前一年，成吉思汗的身体状况已经出现问题。一次打猎时，从马背上摔下受伤，并发起高烧。当时进攻西夏的计划已定，因成吉思汗身体不适，考虑退兵。但在使臣交涉过程中，西夏将领阿沙敢不出言不逊，致使成吉思汗大怒："他说如此大话，咱如何可回？虽死呵，也去问他。长生天知者！"于是抱病出征。最终虽然灭亡了西夏，但成吉思汗也死在了军营里。有学者据此认为，成吉思汗是病重致死。

此外，曾经于13世纪40年代出使蒙古的罗马教廷使节普兰诺·加宾尼，在其传世的著作中却说成吉思汗是被雷电击中身亡。而著名的意大利旅行家马可·波罗在留下的记载中称，成吉思汗是在攻城时中箭而死。最离奇的一个说法见于清朝成书的《蒙古源流》，该书说成吉思汗俘虏了美丽的西夏王妃古尔伯勒津郭斡哈屯，这位王妃在侍寝时刺伤成吉思汗，然后投黄河自尽，成吉思汗也因伤重不治而亡。不管是哪种说法，成吉思汗的死都脱离不了西夏这个地方，不管是哪种死因，成吉思汗也是在征讨西夏的过程中死亡的，所以蒙古铁骑对西夏带有强烈的仇恨色彩。

西夏的政权在李元昊后的夏毅宗与夏惠宗时期，也常与宋辽两国处于战争和议和的状态。这一时期西夏的政权在很长的时间里是母党专政，但是这段时期也是西夏国的鼎盛时期。

公元1048年1月，李元昊被其子宁令哥削去鼻子，因流血过多，第二天就与世长辞了。临终前遗嘱由从弟委哥宁令继承皇位，因为没藏讹庞早就与其妹妹有密谋夺权的策划，所以他坚决反对。他道：

委哥宁令非子，且无功，安得有国？

而移长都①挖苦讹庞说：

国今无主，然则何所立？不然，尔欲知乎？而能保有夏土，则亦众所愿也。

讹庞分辩道：

予何敢哉！夏自祖考以来，父死子及，国人乃服。

————————

① 西夏大臣，主张按照李元昊遗照遵命办事的为首大臣。

今没藏后有子，乃先王嫡嗣，立以为主，谁敢不服？
（《夏国书事》卷）

众人慑于讹庞的权势，不得不同意。于是立未满周岁的谅祚为皇帝，尊号夏毅宗。尊没藏氏为宣穆惠文皇太后，讹庞自为国相。自此由没藏太后与没藏讹庞专政。据记载："讹庞以诺移赏都等三大将典兵久，令分掌国事；己为国相，总揽政柄。没藏本大族，讹庞为之长，至是权益重，出入仪卫拟于王者。"（《西夏书事》卷十八）没藏太后荒淫好色，其中男宠相互斗争，最后导致自己被男宠刺杀。事后男宠也被没藏讹庞所杀。没藏讹庞又将其女许配夏毅宗以控制小皇帝。公元1059年夏毅宗参与政事，没藏讹庞密谋刺杀夏毅宗，后被夏帝诛杀全家。亲政后，夏毅宗娶协助他铲除没藏讹庞的梁氏，任用梁乙埋与景询等人。夏毅宗的改革对以后各朝产生了深远影响，然而他在公元1066年与北宋作战时受箭伤，两年后去世，由其子7岁的李秉常即位，即夏惠宗。[1]

因为西夏长期由母系掌权，后期又因为内部的斗争，政权更迭快速，使得西夏政权开始走下坡路，而蒙古在成吉思汗的带领下日益崛起，一直对西夏是很大的威胁。终于，成吉思汗率领的铁骑踏上了西夏这片土地。当凶残的狼群遇见衰老的猕猴，就算猕猴再机智也只有被欺负的份儿。就这样，蒙古的铁骑掠夺了许多牲畜财物，使得本来就在走下坡

---

[1] 王明苏：《中国通史：宋辽金元史》，九州出版社2010年版，第33—39页。

路的西夏，更是雪上加霜。这就像是一个衰老的人，在受过一次伤害后，也预示着他距离死亡不远了。

这是公元1205年发生的事。

之后，西夏看到了蒙古的强悍，因而想去依附蒙古族，而蒙古也正寻找灭掉西夏的机会。此时，荒淫无道的西夏国君李安全，沉湎于酒色当中，整日不理朝政，四处怨声载道。公元1207年秋收的季节，因西夏人交不出给蒙古的贡品，引起了成吉思汗的不满，蒙古铁骑第二次攻打西夏。这次蒙古的攻打激起了西夏的全力反击。使成吉思汗不敢深入腹地，乃于次年春退回。

两年后的秋天，成吉思汗再征西夏。西夏太子承桢、大都督府令公高逸率军5万抗击而失败，高逸被俘处死。蒙古军进攻西夏首都中兴府（今宁夏银川）外要塞克夷门，5万西夏兵与之相持两个月。后蒙古设伏擒西夏军主帅，先攻克夷门，接着引河水灌城，却因外堤决口而淹了自己，只好撤回议和。西夏承诺纳贡，送公主和亲，以后还屡次助蒙攻金。

公元1218年，成吉思汗复以西夏拒绝发兵随蒙军西征为借口，遣军攻入西夏，包围中兴府，西夏国主神宗李遵顼逃命西凉（今甘肃武威），并派使者告之蒙古西夏愿称臣，奉蒙古为主。

公元1224年秋，成吉思汗以西夏私下与金朝议和为借口，派木华黎之子李鲁率大军第五次入侵西夏，大败西夏军。公元1225年，成吉思汗从西域返蒙古，次年又以西夏曾纳任人亦剌合·桑昆和不遣质子为由而亲率大军侵西夏，攻城略地，连战皆捷。公元1227年1月，成吉思汗分兵围困中兴府，自己则率军进攻金朝。7月，成吉思汗于清水（今甘肃清水）病逝。三日后，西夏末帝出降，西夏灭亡。

　　之后，一个以党项族为首建立的政权彻底地消失在历史上，只留下几座荒冢。

第八章　突厥简史

一　突厥起源

突厥是中国古代的民族，先世源出于丁零、铁勒，以狼为图腾。南北朝时铁勒原住在叶尼塞河上游，后南迁高昌的北山（今新疆博格达山）。今天的准噶尔盆地和阿尔泰山是突厥人的真正发祥地。《周书》中："突厥者，盖匈奴之别种。"突厥人继匈奴、鲜卑、柔然之后，再次统一草原，成为草原历史舞台的主人长达200年，而且突厥覆盖整个蒙古高原，其影响延续400多年。突厥人，与匈奴人和蒙古人齐名，在所有北方草原民族中，是曾经对中国历史和世界历史产生过巨大影响的三个民族之一。

二　狼图腾

突厥人与狼的关系，可谓历史久远。相关的传说有三则。

相传，突厥人的祖先原来生活在匈奴北部，阿谤步是部落的首领，阿谤步有兄弟17人，其中一个兄弟叫伊质·泥师都，是母狼生的。部落首领阿谤步等人性情愚笨，部落渐渐地败落下去。而母狼所生的伊质·泥师都由于感受到特别的灵气，能呼风唤雨，宛如天神。他娶了两个妻子，分别是夏神和冬神的女儿。有一个妻子一胎生了四个男孩，大儿子比其他几个儿子更关心部落百姓的疾苦，经常周济族人，大家经过选举一致奉其为君主，改国号为突厥。

另据传，突厥人本是匈奴人的别种，姓阿史那氏。在部落征伐中，一个匈奴部落被邻国打败，部落族人被杀戮殆尽，最后只剩下一个年方 10 岁的小男孩。追杀的士兵见他年纪太小，不忍心杀他，但是，为了防止他复仇，就砍掉他的双足，扔在荒郊野外。有一条母狼救了他，用肉喂养这个男孩，男孩长大后，与母狼结合，母狼怀了他的孩子。后来，母狼生下 10 个男孩。他们长大后，在外面娶妻成家，后代各有一姓，阿史那氏即其一。

唐代段成式的《酉阳杂俎》卷四记载，突厥的祖先是海神射摩舍利，居住在一个叫阿史德窟的地方。他和一位女海神相恋，女海神每天傍晚用白鹿引领射摩舍利入海同居，待到天明时才送他回去，如此生活了几十年。一天，射摩舍利的部落要举行大型围猎，女海神便对射摩舍利说，明天狩猎时，在阿史德窟中将有白鹿跃出，你若射中它，便能与我长久往来，若不能射中，我们俩的缘分就算完了。次日会猎，阿史德窟中果然有金角白鹿出现，射摩舍利命左右将鹿团团围住。鹿左冲右突，最后被射摩舍利的部下杀死。射摩舍利大怒，杀死了部下，但射摩舍利与女海神的情缘却永远地断绝了。依此传说来看，与突厥人射摩舍利婚配的女海神应该是出自以鹿为图腾的部落，是狼与鹿的结合。在蒙古民族中也有类似的传说，这揭示出游牧文化的某种共同性。

这三个传说，内容虽不一致，但有一个共同点，即认为狼是突厥人的祖先。

11 世纪到 13 世纪，东、西突厥中的西突厥两支部落塞尔柱与奥斯曼先后带领族人迁移到西亚，经过东征西战，分别建立庞大的塞尔柱帝国与奥斯曼帝国。突厥人行军打仗时，军旗上就绘有金色狼头，号称狼旗。

突厥以狼为部落的图腾，所以突厥人的酋长在牙帐前竖立绘有狼头的旗帜，"示不忘本"，后世突厥汗国可汗的大旗上亦绘制金狼头，可汗也有叫"附离"者，侍卫也称"附离"，附离即突厥语之"bori"，汉语意为狼。

三　突厥的宗教信仰

在中国西部地区生活着维吾尔、哈萨克、柯尔克孜、乌兹别克、塔塔尔、裕固、撒拉等阿尔泰语系突厥语族的少数民族。他们的先祖与阿尔泰语系的其他民族一起，共同生活在西起巴尔喀什湖东到鄂霍茨克海这一广袤的山林地带，信仰着同一种宗教——萨满教。

后来，随着岁月的变迁，许多突厥语民族在迁徙流离中在我国西部地区定居了下来。在漫长的历史年代里，这些民族历经沧桑。他们曾经信奉过摩尼教、佛教、伊斯兰教等各种宗教，然而，作为突厥人固有的宗教——萨满教，虽历经千百年的岁月，却犹如一股川流不息的暗河，在这些民族民众生活的深层产生着影响。萨满教的观念和习俗遗存至今，这种文化现象越来越引起人们的关注。

四 突厥文化

突厥人的无形文化主要在《周书》《北史》《隋书》《旧唐书》《新唐书》《旧五代史》《新五代史》等多个朝代的断代史中。这些正史中对突厥的政治、军事、经济、文化民俗等做了很多介绍。突厥人在中国历史上曾经建立过突厥汗国、东突厥汗国、西突厥汗国、后突厥汗国等政权。唐以后突厥沙陀人进入中原建立了东突厥，五代中的后唐、后晋、后汉三个王朝，在中国历史上留下了深深的印迹。东突厥人和后突厥人不断南迁，进入中原后逐步融入汉族中，同时将突厥文化带到中原，引起李唐一朝的胡化风潮，对中国文化做出重大贡献。西突厥不断西迁，进入中亚、西亚乃至欧洲，建立了很多国家，其影响今天犹在。

突厥人是我国北方草原民族中第一个有自己文字的民族，用突厥文刻写的《阙特勤碑》《毗伽可汗碑》等石刻碑流传至今。突厥人在大草原上也留下很多有形的文化，例如大量的突厥石棺墓、突厥石人、城市遗址等。在内蒙古自治区境内，除有很多突厥石棺墓和石人以外，呼和浩特市境内还有东突厥国的首都大利城遗址和后突厥首都黑沙城遗址。

尤其是关山九十九泉的突厥可汗的度假胜地，东突厥启民可汗盛情款待隋炀帝于此。今天的辉腾锡勒草原旅游区就是历史上的草原民族历代帝王的度假胜地。

五　突厥的兴起与衰落

公元 5 世纪，突厥人成为柔然的种族奴隶，被迫迁居于金山（今阿尔泰山）南麓，为柔然的奴隶主锻铁，被称为"锻奴"。

柔然多次被北魏太武帝领兵击败，尤其是在公元 429 年，敕勒高车等各部落纷纷脱离柔然统治，投向北魏一方，人数达 30 万余众。随着柔然军事上的失利，其他尚未投靠北魏的草原部落也开始不断进行逃亡和反抗，敕勒各部最为激烈。突厥人也逐步摆脱了被奴役的地位。

公元 546 年（南北朝后期，北方的北魏分裂为东魏和西魏），突厥首领阿史那土门率领部众，打败和合并了铁勒各部 5 万余人，开始发展壮大起来。公元 552 年，突厥打败柔然，建立起幅员广阔的突厥汗国，势力迅速扩展至整个蒙古高原。这时华北北齐与北周政权并立，双方均慑于新兴突厥汗国强大的军事实力，也互相为了消灭对方，均采取向突厥纳贡、和亲的政策，以换取突厥帝国的支持，至少是中立。而突厥则借机以和平或战争手段，获得巨大的经济利益。

公元 581 年，杨坚代周建立隋朝。突厥趁隋朝立足未稳，从甘肃一带向隋发起进攻，隋文帝不得不发兵抵御，并修筑长城。

隋灭陈完成南北统一后，与突厥的力量对比发生根本改变。隋利用军事与政治手段开始反击突厥势力。同时，突厥汗国已经分裂为东西两部分，各自的内部斗争激化，隋的反击取得了成效。公元 599 年（隋开皇十九年十月），隋文帝封突厥突利可汗为启民可汗，显著标志了隋强突弱的形势。

这一局面没有维持多久，隋朝二世即亡，隋末群雄并起，其中多数都曾经依附过突厥。一时形势诚如《通典》卷一九七所谓"及隋末离乱，中国人归之者甚众，又更强盛，势凌中夏，迎萧皇后，置于定襄。薛举、窦建德、王世充、刘武周、梁师都、李轨、高开道之徒，虽僭称尊号，俱北面称臣，受其可汗之号。……控弦百万，戎狄之盛，近代未有也"。

李渊在晋阳初起时，也曾经迫于形势，自下于突厥。其手段亦不外于割地、贡献、贿赂等，实与诸雄无异。只不过唐朝定鼎，势力强盛之后，讳言这段历史，以致史料流传稀少，很多需依靠史家研究方可复原而已。

这时的突厥仍像北朝时代一样，试图对中原各势力恩威并施，抑强扶弱，不时直接出手，借以保持、提高自己的优势地位。

公元 618 年，唐朝建立，不久重新统一全国。突厥统治者明白中原只要有一方坐大，就不可能像以往那样，从群雄割据中获利了，因此将主要对手确定为唐，试图扶植其他势力与唐相抗。失败之后，便趁此时唐朝国力还不十分强大，连年进扰内地，掠夺人口和财富。

贞观三年（公元 629 年）秋，唐太宗命李靖、李绩统兵 10 万，分道出击东突厥颉利可汗。李靖出奇制胜，在定襄大败突厥，颉利逃窜，李靖在白道截击，降其部众 5 万余人。两将又督兵疾进，大破敌军，颉利西逃吐谷浑，途中被俘。贞观四年（公元 630 年）三月，东突厥灭亡。慑于大唐天威，"西北诸蕃，咸请上（太宗）尊号为天可汗"。

六　突厥之复兴

自公元 630 年（贞观四年）颉利可汗被俘，东突厥亡国以后，在差不多半个世纪的时期内，唐朝统治下的东突厥各部基本上稳定。但由于朝廷常征调他们东征西讨，渐渐引起突厥群众不满，特别是一些上层人物滋生了复国思想。

公元 679 年（调露元年）十月，单于大都护府下属突厥酋长阿史德温傅、奉职率所辖二部反唐，立阿史那泥熟匐为可汗。二十四州突厥酋长纷纷响应他们，部众共达数十万人。

第二年（永隆元年）三月，唐定襄道行军大总管裴行俭大破突厥军于黑山（今内蒙古自治区包头市西北），擒酋长奉职。泥熟匐可汗为其部下所杀。突厥叛军余众退守狼山（今内蒙古自治区杭锦后旗西北）。温傅部又从夏州（治所在今陕西省靖边县东北白城子）迎颉利可汗族侄伏念，北渡黄河，立为可汗。

公元 681 年（开耀元年），伏念与温傅连兵进攻原州（治所在今宁夏回族自治区固原市）、庆州（治所在今甘肃省庆阳市）。这年秋季，伏念在唐军兵临帐前的形势逼迫下，逮捕温傅，向裴行俭投降。裴行俭答应保伏念不死，但回京后裴炎妒忌裴行俭功大，唆使唐高宗杀死伏念。裴行俭叹朝廷杀死降者，以后不会再有人投降，从此称病，闭门不出。唐高宗对降者不予宽容，反加杀害，为突厥上层人物的再次叛唐，埋下祸根。

公元 682 年（永淳元年），颉利可汗族人阿史那骨咄禄又叛。他的祖父本是唐朝单于都护府云中都督舍利元英属部的酋长，世袭吐屯之职。伏念死后，他率 17 人出走，逐渐聚众至 700 人，并占领黑沙城（今内蒙古自治区呼和浩特市北）。他通过招集伏念亡散残部的办法，使部众增至 5000 人，并抄掠九姓铁勒大批羊马，从而势力逐渐强盛，自立为颉跌利施可汗。他任命其弟默啜为杀（即设，官名），咄悉匐为叶护，从此开始了后突厥时期。

公元 683 年（弘道元年）二月，后突厥先后寇定州（治所在今河北省定县）、妫州（治所在今河北省涿鹿西南）；三月，围单于都护府，杀司马张行师；五月寇蔚州（治所在今山西省灵丘县），杀刺史李思俭；公元 684 年（光宅元年）七月寇朔州（治所在今山西省朔县）。

由于后突厥频繁入侵，公元 684 年九月唐朝任命左武卫大将军程务挺为单于道安抚大使，以防御突厥侵扰。但同年十二月，程务挺因代被囚待斩的内史裴炎申辩，违反武则天的旨意，蒙冤被杀。后突厥统治者得此消息后，为大敌已除，特设宴欢庆，但又为程务挺立祠，每次出兵前都前往祭祷。

公元 685 年（垂拱元年）春夏间，后突厥寇代州（治所在今山西省代县）；公元 686 年二月寇昌平（治所在今北京市昌平区西南），被唐左鹰扬大将军黑齿常之击退；同年八月又攻朔州，黑齿常之等在黄花堆（今山西省山阴县黄花梁）大破其军；十月，右监门卫中郎将爨宝璧贪功冒进，孤军深入碛北追击后突厥，全军覆没。武则天大怒，称骨咄禄为"不卒禄"。

骨咄禄自立为可汗后，东征西讨，频繁出击。据突厥文

《阙特勤碑》记载，他先后进攻过唐朝北部、九姓铁勒、三十姓鞑靼、契丹、奚等，共出征 47 次，其中亲自参加战斗 20 次，奠定了后突厥汗国的基业。公元 693 年（长寿二年）十一月，骨咄禄病卒，其子年幼，其弟默啜自立为可汗。

七 后突厥的发展与衰亡

默啜成为后突厥可汗之初，曾于公元 693 年（长寿二年）十二月进攻灵州，杀掠当地官吏和人民。在这以后，他为了巩固其汗位，改变策略，讨好中原王朝以取得支持。

公元 695 年（天册万岁元年）十月，默啜遣使请降。这时早已自称周朝皇帝的武则天非常高兴，册授他为左卫大将军、归国公。

公元 696 年五月，营州（治所在今辽宁省朝阳市）契丹松漠都督李尽忠等反叛。是年九月，默啜请求当武则天的儿子，并为他的女儿向皇室求婚，又要求归还河西的突厥降户，声称他愿意率领部众"为国讨契丹"，武则天晋封他为迁善可汗。十月，李尽忠死，孙万荣继领其众。默啜乘机突袭松漠都督府（治所在今内蒙古自治区巴林右旗南），俘虏了李、孙二人的家属，契丹部众溃败。武则天进一步册立默啜为颉跌利施大单于、立功报国可汗。

公元 697 年（万岁通天二年）三月，默啜向唐朝求丰、胜、灵、夏、朔、代六州突厥降户及单于都护府之地，以及谷种、缯帛、农器、铁等物。武则天听了廷臣不同意见的争论以后，最后还是将六州降户数千帐（户）送交默啜，并给他谷种 4 万斛、杂彩 5 万段、农具 3000 件、铁 4 万斤。后突厥得到这一大批人力和物资以后，国力大为增强。

公元698年（圣历元年）六月，武则天命内侄孙淮阳王武延秀前往后突厥，准备娶默啜女为妻。八月，武延秀到达后突厥南廷（都城）黑沙城。默啜却说："我欲以女嫁李氏，安用武氏儿邪！此岂天子之子乎！"他不但不允婚，反而将武延秀拘留，并扬言要用武力帮助李氏恢复唐朝。接着，他发兵袭击静难军（治所在今陕西省彬县）、平狄军（治所在今山西省朔县东北马邑）、清夷军（治所在今河北省怀来县），又进攻妫州（治所在今河北省涿鹿县西南）、檀州（治所在今北京市密云县），陷定州（治所在今河北省定县）、赵州（治所在今河北省赵县）。武则天起先任命其内侄武重规等领兵45万反击默啜，但毫无成效。这时武则天看到人民仍心向李唐皇室，不得已立其子庐陵王李显为皇太子。又任命李显为河北道元帅，讨伐突厥。在这以前唐朝招募兵士一个多月招不满1000人，当人们得知太子李显担任元帅后，很快就招满了5万人。但实际上领兵出征的是副元帅狄仁杰。默啜得知唐朝大军将出发，即将从赵州、定州掠夺的男女八九万人全部杀死，从五回道（在今河北省易县西）撤退，一路上掠夺、残杀百姓，抢劫财富、牲畜，不计其数。武则天手下的一些大将，虽拥有重兵却不敢逼近默啜。只有狄仁杰领兵10万追击，但未能追上。默啜回到漠北后拥兵40万，占地万里，西北诸民族都归附于他。

公元699年（圣历二年），默啜任命其弟咄悉匐为左厢察，骨咄禄之子默矩为右厢察，各领兵2万多人；又任命自己的儿子匐俱为小可汗，地位在左、右两察之上，统辖处木昆等十姓部落，领兵4万多人，称拓西可汗。

公元 700 年（久视元年）十二月，掠夺陇右诸监马 1 万多匹。公元 702 年（长安二年）春，夺走盐州（治所在今陕西省定边县）、夏州（治所在今陕西省靖边县东北白城子）羊马 10 万匹，三月破石岭关（今山西省阳曲县东北关城），围并州（治所在今山西省太原市西南），七月侵代州（治所在今山西省代县），九月攻忻州（治所在今山西省忻县），一路杀掠。在这以后，默啜采取时和时战的策略，唐与突厥双方关系时好时坏。

公元 703 年（长安三年）六月，默啜派其臣莫贺达干向武则天提出，嫁其女给皇太子之子为妻。接着又派大臣移力贪汗入朝，献马千匹及方物，以谢许婚之意。武则天在宿羽亭设盛宴款待来使，并赐予重赏。公元 704 年（长安四年）八月，由于双方已建立"和亲"关系，默啜放还被扣留了 6 年的淮阳王武延秀。

唐中宗李显即位第二年，即公元 706 年（神龙二年）十二月，默啜又进攻灵州鸣沙县（治所在今宁夏回族自治区青铜峡西南丰安县故城）。唐灵武军大总管沙吒忠义战败，死 6000 多人。后突厥继进原州（治所在今宁夏固原市）、会州（治所在今甘肃省靖远县）等地，夺走陇右牧马万余匹。唐中宗取消与后突厥联姻的计划，悬赏"能斩获默啜者封国王，授诸卫大将军"。

公元 707 年（景龙元年）十月，唐朝任命左屯卫大将军张仁愿（亶）为朔方道大总管，抗击来犯的后突厥军。

过去，朔方军与突厥以黄河为界。张仁愿趁默啜西征突骑施之机，乘虚而入，夺取漠南，在黄河北筑三座受降城。中受降城在今内蒙古自治区包头市西，东受降城在今内蒙古托克托西南，西受降城在今内蒙古乌拉特中后旗西南。三城首尾呼应，截断了后突厥南侵之路。又在牛头朝那山（今内蒙古固阳县东）北设置烽候1800所。从此，后突厥不能越山南下放牧，朔方不再遭其寇掠，唐朝因此减少镇兵数万人。

公元711年（景云二年）正月，默啜遣使请和，唐睿宗李旦同意。三月，唐以宋王成器之女为金山公主，许嫁默啜。十月，唐御史中丞和逢尧出使后突厥，劝说默啜穿戴唐朝服饰。于是默啜"襆头，衣紫衫，南向再拜，称臣"；并派遣其子杨我支特勤及该国宰相等随和逢尧朝觐唐睿宗。唐帝授予杨我支右骁卫员外大将军官衔。公元712年（先天元年）六月，唐左羽林大将军孙佺等在袭击奚与契丹时，被奚族大首领李大酺俘虏，李将他们送交默啜，默啜杀之。唐玄宗李隆基即位后，废除与默啜的婚约。

默啜既无法南侵，便改向西域扩张。公元714年（开元二年）二月，他派遣其子同俄特勤和妹夫火拔颉利发石阿失毕等进攻北庭都护府，被都护郭虔瓘打败。同俄被擒杀。后突厥曾表示愿意付出军中全部衣资器仗赎取同俄，及知其已被杀，三军痛哭而撤退。闰二月，火拔颉利发石阿失毕因失去同俄特勤，不敢回去，与其妻投唐，被封为燕山郡王，授左卫员外大将军。

默啜势力日衰，欲依靠唐朝的威望，以号令北方其他各民族。公元714年四月，他又向唐皇室遣使求婚，并自称"乾和永清太驸马"。

默啜年老以后，更加昏庸暴虐，属部纷纷离散。公元714年九月，葛逻禄等部首领至凉州（治所在今甘肃省武威县）降唐。十月，原西突厥十姓部落胡禄屋等部至北庭都护府归降。降唐的十姓部落前后共 1 万多帐（户）。公元 715 年（开元三年）二月，默啜之婿"高丽莫离支高文简，与跌都督思太，吐谷浑大酋慕容道奴，郁射施大酋鹘屈颉斤、苾悉颉力，高丽大酋高拱毅"等率领 1 万余帐，脱离后突厥，至唐朝边境归附，被安置在黄河南面原先降唐突厥居住过的地区。高文简被封为辽西郡王，其余首领封郡公。同年秋，默啜进攻九姓铁勒。九姓首领思结都督磨散等降唐。

公元 716 年（开元四年）六月，默啜北征九姓铁勒拔曳固（拔野古）部，在独乐水（今蒙古国土拉河）大破该部。默啜恃胜轻归，毫无防备，途遇拔曳固溃散的战士颉质略突然从柳林中跃出，将他杀死。当时唐朝大武军子将郝灵荃出使在突厥，颉质略便和他一起将默啜的首级送至唐都城。九姓铁勒中的拔曳固、回纥、同罗、霫、仆固五部一起归附唐朝，被安置在大武军（治所在今山西省朔县东北马邑）北。

默啜的儿子小可汗继位，但被前可汗骨咄禄之子阙特勤杀死。默啜的诸子和亲信全部被杀。阙特勤拥立其兄左贤王默棘连为后突厥君主，是为毗伽可汗。毗伽任命阙特勤为左贤王，掌管全部兵马。

公元 720 年（开元八年），唐朔方大总管王晙奏请从西面调动拔悉密部，东面调动奚、契丹两族兵，于秋季同至稽落水掩袭毗伽可汗牙帐。毗伽闻讯大惧。暾欲谷认为不必害怕，因为拔悉密在西域北庭（今新疆维吾尔自治区吉木萨尔县北破城子），与突厥东面的奚、契丹相隔非常遥远，双方无法配合。况且唐朝将领之间的内部不和，王晙自己也不敢出兵。等拔悉密孤军深入时，可以很容易地打败他们。后来局势的发展不出暾欲谷所料，拔悉密军被他追至北庭击溃。十一月，暾欲谷回军经赤亭（今新疆鄯善县东北七克腾），掠夺凉州（治所在今甘肃省武威）的羊群和马群，并击败唐河西节度使杨敬述的军队。毗伽可汗因此声威大振。

第二年（公元721年）二月，毗伽可汗遣使求和，"请父事天子"。又连年遣使向唐贡献方物、求婚。公元725年（开元十三年）四月，毗伽派大臣阿史德颉利发向唐朝进贡。颉利发扈从唐玄宗东巡封禅泰山。十二月，颉利发辞归，唐玄宗厚加赏赐，但终究没有允许与后突厥联姻。

这以后，毗伽可汗每年都派大臣至唐朝觐。公元727年（开元十五年）秋，吐蕃写信给毗伽，约他一起侵扰唐边境，毗伽不但予以拒绝，并且将吐蕃的来信送交唐朝。唐玄宗很赞许毗伽的诚意，在紫宸殿设宴款待送信来的后突厥大臣梅录啜。又允许在朔方军西受降城设立互市，每年以缣帛数十万匹与后突厥交换军马，以壮大骑兵队伍，并改良马种，从此中原的马匹更加强壮。

公元731年（开元十九年）三月，后突厥左贤王阙特勤死。唐朝派金吾将军张去逸等送唐玄宗玺诏前往吊奠。并为他立祠庙，刻石为像。唐朝派去6名绘画高手，在庙的四壁精心绘制阙特勤临阵作战的壁画。这在突厥国中是从未有过的绘画艺术作品。最有历史价值的是公元732年（开元二十年）立的有碑铭《阙特勤碑》的碑，其汉文碑铭由唐玄宗"御制御书"。碑上还刻有古突厥文字的铭文。这座大理石碑分为大小2块，至今仍矗立在蒙古鄂尔浑河流域和硕柴达木湖畔，是研究突厥史的重要材料。

公元734年（开元二十二年），后突厥大臣梅录啜下毒谋杀毗伽可汗。毗伽在毒药发作但尚未身死时，发兵杀死梅录啜及其族党。毗伽死后，唐玄宗派宗正卿李佺前往吊奠，并为其立庙和碑，命史官起居舍人李融撰写碑文。此大理石碑立于公元735年，也刻有汉文与古突厥文两种铭文，和有碑铭《阙特勤碑》的碑竖立在同一地方。

毗伽可汗死后，国人立其子为伊然可汗。伊然可汗曾由唐朝册封。但不久他就病死了。其弟继立为苾伽骨咄禄可汗，唐朝派遣右金吾卫将军李质前去册封他为登利可汗。登利年幼，其母婆匐参与政事，国人不服。登利的堂叔分掌兵马，在东者称左杀，在西者称右杀。

公元741年（开元二十九年），登利忌左右两杀权势过大，与母亲合谋，诱右杀至可汗牙帐，将他杀死，夺其军队。左杀判阙特勤害怕被杀，先发制人，攻杀登利可汗，立毗伽可汗之子为可汗。新可汗很快被骨咄叶护杀死，另立其弟为可汗。接着骨咄叶护又杀掉这个可汗，自立为可汗。

后突厥内乱频繁，唐玄宗命左羽林将军孙老奴招抚回纥、葛逻禄、拔悉密等九姓铁勒部落。

公元742年（天宝元年）八月，拔悉密、回纥、葛逻禄三部联合攻杀骨咄叶护，推举拔悉密酋长为颉跌伊施可汗，回纥和葛逻禄的首领分别担任左、右叶护。后突厥另立判阙特勤之子为乌苏米施可汗，并以其子葛腊哆为西杀。

公元744年（天宝三年）八月，拔悉密攻杀乌苏米施可汗。后突厥残部立其弟鹘陇匐白眉特勤继位，是为白眉可汗。后突厥大乱。唐玄宗命朔方节度使王忠嗣乘其乱出击，破后突厥左厢阿波达干等11部。回纥和葛逻禄一起攻杀拔悉密颉跌伊施可汗。回纥首领骨力裴罗南下占领突厥故地，公元745年（天宝四年）正月，骨力裴罗击杀后突厥白眉可汗，送其首级至唐京。后突厥毗伽可汗妻骨咄禄婆匐可敦率众归唐。唐玄宗封她为宾国夫人，每年供给她"粉直"20万。

至此，存在了半个多世纪的后突厥，在唐朝和九姓铁勒回纥等部的联合攻击下，国亡。自此以后，突厥在中国北方退出历史舞台。

八　突厥族的影响和贡献

铁勒部族的形成和广泛分布为突厥帝国的建立奠定了基础。突厥从公元552年到公元570年，在不到20年的时间里，由一个被奴役的部族，一跃成为一个无比强大的民族，建立了拥有空前辽阔疆域的国家。从唐朝"安史之乱"开始，到成吉思汗西征中亚，其间长达465年，分布在中亚、西亚广大地区的突厥人事实上成为中国遏州来自西方扩张威胁的缓冲带，并且是主力军。突厥人抵抗阿拉伯人扩张、反抗直至推翻阿拉伯人统治，做了长期斗争，最终取代阿拉伯帝国，随后在抵抗十字军东侵，遏制西欧封建主侵略东方的狂热中，起了不可忽视的重要作用，同时为缔造统一的多民族的伟大祖国做出了巨大贡献。

突厥与北朝的统治者之间通婚，人民互相往来，经济文化交流，促进了社会发展。突厥汗国的强盛为隋唐疆域的扩大提供了有利的条件。突厥作为中国历史上中华民族的一员，在辽阔的中亚地区，阿史那土门的后裔们如阿史那献将军、阿史那昕将军及著名的阿史那社尔将军等将士，为保护中亚商道的安全，为保卫边疆人民的平静生活而驰骋在战场。回鹘名将契苾何力、突厥王子阿史那社尔和李世民更有着超乎寻常的君臣情谊，太宗去世后，阿史那杜尔将军竟自殉以"卫陵寝"。突骑施可汗苏禄更是唐玄宗无比敬重的抗击阿拉伯帝国东侵的英雄。

突厥汗国在文化上的最大成就是突厥文字的使用，突厥文字的使用范围遍布亚欧大陆许多民族，统一的突厥帝国时期，还是以汉文和粟特文为官方文字，东西突厥汗国分立时期也不见有着任何有关突厥人存在文字的记录。芬兰学者阿斯培林最早通过对鄂尔浑河古代碑铭《阙特勒碑》《暾欲谷碑》的研究，最早提出了突厥儒尼文的名称。"儒尼"即具有神秘文字的含义。这种文字最早出现于公元 7 世纪末叶，即单于大都护府暴动时期，作为暴动者相互传递信息的秘密符号，到后东突厥汗国时期（公元 682—744 年）正式成为官方文字，并传入西突厥两厢汗国（左厢咄陆，右厢弩失毕）及突骑施汗国。其后又开始出现了以粟特字母拼写的突厥文。苏禄可汗在位时所铸货币最早使用这种文字，漠北回纥汗国最早的文献如《磨延啜碑》等，原本也都使用突厥儒尼文，后来也改用粟特字母拼写的突厥语言，以至这种文字因其约定俗成，被称为回鹘文。从公元 6 世纪至公元 12 世纪，突厥文字的广泛传布和使用促进了突厥族及其部族的同化，终结了自匈奴人以来北方游牧民族没有文字记载历史的历史。

公元 568 年，北周武帝宇文邕娶突厥木杆可汗之女阿史那为皇后，突厥可汗所送的陪嫁中有一支由龟兹、疏勒、安国、康国等地区艺人组成的庞大西域歌舞团前往长安，大批西域乐舞艺术及艺人进入中原，不仅在宫廷演出，还走上街头，形成一股强劲的"胡风"，极大地丰富了中原的文化。后来著称于世的隋七部乐、九部乐和唐十部乐，都是在北周乐部的基础上发展起来的，并且西域音乐在其中的比例占据优势地位。古代新疆的于阗乐、龟兹乐、高昌乐、悦般乐都是祖国音乐、文化的重要组成部分。唐代与吴道子、阎立本齐名的大画家尉迟乙僧也是来自西域，在贞观年间由于阗王以"善画"推荐给唐太宗。西域乐舞等文化艺术的东传，极大地丰富了中国的文化艺术。

突厥部族的西迁对世界历史产生了广泛深远的影响。突厥的兴起和强盛使突厥人遍布西域中亚、西亚东部（阿富汗），同时又迫使一部分柔然人和可萨人西迁至欧洲。柔然人和西迁欧洲的匈奴人后裔发生过密切关系。公元6—8世纪，东斯拉夫人建立的基辅罗斯公国还是一个以基辅为中心的狭小公国。该公国的统一是一个漫长的过程。公元6—12世纪突厥人在俄罗斯草原先后建立的阿瓦尔汗国、可萨帝国，以及乌护突厥人都曾充任俄罗斯草原的主人。到公元11世纪中叶基辅国家开始解体，直到公元13世纪蒙古人入侵，罗斯人又成为钦察汗国的奴仆。世界中古史可以说是突厥人和阿拉伯人称雄欧亚大陆、各领风骚的历史。

从公元716年后东突厥默啜可汗被杀，突厥内乱，大批东突厥部落西迁，到塞尔柱突厥人入主巴格达，突厥人西迁中亚、西亚的轨迹十分明显，其规模形同接连不断的浪潮。

在白衣大食（公元661—750年）统治时期，粟特人和突厥人在抗击阿拉伯扩张东侵的战争中做出了不屈不挠的奋争，而唐朝却由于大食离间政策的催化和诸多重大失误，不仅痛失中亚的霸主地位，还在怛罗斯决战中遭到惨败，号称"天下精兵之最"的安西劲旅几乎损失殆尽，使唐朝的政治军事天平出现倾斜。在黑衣大食统治时期，大批突厥人沦为奴隶，被迫充军充当镇压各地人民起义的工具，但他们却利用这种机遇在长达300多年的历史长河中忍辱负重，苦心经营，逐渐取得权势，从奴隶演变成控制玩弄哈里发的高手；西迁呼罗珊北部的塞尔柱突厥人不仅改变信仰，改信伊斯兰教，而且称臣于伽色尼朝的马穆德，当伽色尼国家衰微后，不失时机地大显身手，塞尔柱的孙子挥师巴格达，摇身一变成为一个大帝国的统治者，建立塞尔柱突厥帝国，其后继者又从开罗哈里发手中夺得叙利亚和巴勒斯坦，从拜占庭手中夺取小亚细亚的大部分，续写了突厥族更为辉煌的扩张历史，展示出突厥人顽强的生命力。

公元8世纪至公元1092年是黑衣大食和塞尔柱帝国先后统治时期。在这一历史时期内，突厥人因塞尔柱帝国的兴盛和解体广泛分布在中亚和西亚地区。公元1092年马利克死后，塞尔柱帝国开始瓦解。公元11世纪70年代后，拜占庭帝国也已衰弱，意大利城市商人和天主教会发动十字军东侵。在第一次十字军东侵的战争中，突厥人是抗击十字军的主力，战败后伤亡甚众。第二次十字军东侵前后，突厥人的摩苏尔总督赞吉收复了许多失地，并打败了这次十字军东征。塞尔柱帝国的分裂和衰落给花剌子模突厥王带来转机，耶律大石的去世更使突厥人看到希望，帖乞失去向西辽称臣纳贡的同时向波斯、阿富汗扩张，建立起中亚、西亚实力雄厚的花剌子模帝国，同时也宣告塞尔柱帝国的解体。花剌子模帝国也是突厥人建立的国家，最终为蒙古人所灭。

　　奥斯曼帝国是突厥族历史辉煌的顶点，它兴起于塞尔柱帝国解体之后，蒙古军大举西侵的背景之下。如同塞尔柱突厥人一样，他们最初也是不得不投附于某个国家卧薪尝胆，潜伏爪牙，忍辱负重，一旦羽翼丰满，时机成熟便迅速崛起，四处扩张侵略。公元15世纪到公元16世纪中叶是奥斯曼帝国的黄金时代，其疆域地跨亚、欧、非三大洲，在突厥史上前所未有。其疆域包括了前拜占庭帝国和阿拉伯帝国的大部分领土。

　　奥斯帝国虽然历经数百年，其政治水平远不及不足百年的西辽王朝。除了富丽雄伟的伊斯兰风格建筑可与拜占庭相媲美外，还值得一提的是，奥斯曼帝国对地中海贸易的垄断，逼迫西欧国家积极寻找通向东方的新航路，客观上促进了航海业的发展和新航路的开辟。

　　唐代高僧玄奘西天取经到达碎叶城（今托克马克），正在这里打猎的西突厥统叶护可汗在自己的行营里接见了玄奘，并派使者护送他经过西域诸国，一路畅通地到达吐火罗国境（今阿富汗北部），然后继续南下，顺利进入巴基斯坦和印度。玄奘生动叙述了那次经历："统叶护居一大帐，帐以金华装之，烂炫人目。诸达官于前列长筵两行侍坐，皆锦服赫然，余仗卫立于后。观之，虽穹庐之君，亦为尊美矣。"在玄奘逗留期间，统叶护还接待了唐朝和高昌国派来的使臣，盛筵款待，歌舞相伴。

　　公元11世纪是中亚突厥化的重要时期。中亚河中地区在古代为伊朗语族的雅利安人所居住。尽管自公元6世纪以后，不断有突厥人进入，但居民的大多数仍然是属于伊朗语族，而西突厥和唐朝对其地的统治也只是一种宗主权，并没有改变当地的民族、语言、宗教等状况。中亚的地方政权或城邦小国，都是由伊朗语族建立的。到中亚突厥化时期，不但改变了中亚居民的整体格局，而且发展丰富了灿烂的伊斯兰文明。

萨曼王朝可以说是最后一个统一的雅利安王朝。萨曼王朝于公元999年正式被突厥人所灭。自此以后，伊朗语族在中亚的统治再没有恢复过。突厥人在中亚的统治不但完全扫除了雅利安人的政治势力，而且使当地的居民户逐渐被突厥所同化。阿拉伯人统治中亚期间，不愿接受伊斯兰教的突厥人西迁到欧洲，留在中亚地区的突厥人逐渐接受伊斯兰教。

塞尔柱帝国取代阿拉伯人的统治，并未改变对伊斯兰教的信仰。不但突厥人信奉了伊斯兰教，而且使中亚在民族、宗教、语言、风俗习惯等方面趋于一致，成为穆斯林世界的一部分。未突厥化的雅利安人则被驱逐到帕米尔等山区，成为后来的塔吉克民族，以至河中地区后来被称为突厥斯坦。

塞尔柱帝国时期的文化很发达，首相莫尔克是波斯人，重视文化事业，采取很多发展科学和艺术的措施。巴格达等地设立学院，其中有些组织则为以后欧洲大学所取法。当时杰出的哲学家、诗人、数学家、天文学家奥玛尔·卡雅姆（公元1040—1123年）不仅首创押韵的四行诗的体裁，而且制造了星座表，改进了历法。著名的伊朗诗人费多西用了25年时间，在公元999年写成了《列王纪》这部伊朗史诗，其主要内容是，站在伊朗人的立场上，描写古代伊朗人反对图兰人（突厥人）的战争。

喀喇汗王朝、哥疾宁王朝、塞尔柱王朝都是突厥人在中亚建立的王朝。关于这三个王朝对于当地经济、文化发展的影响，巴尔托里德认为：喀喇汗王朝要比塞尔柱人更文明，比塞尔柱人更重视文化，因为他们通过东面的回鹘人受到中国文明的影响；至于也是出身于突厥部族的哥疾宁王朝素丹马合木，则喜欢延揽名人学者，保护了许多诗人、文学家；塞尔柱王朝的宰相尼咱木·阿勒·穆耳克也保护学术，提倡文化。

在公元 11 世纪突厥诸王朝统治中亚的时期，无论在喀什噶尔、突厥斯坦，或是花剌子模、地名属萨珊王朝和哥疾宁王朝，都在经济、文化方面有所发展。特别是在文化方面，甚至可以说是繁荣兴旺、作者如林。这与当时中西交通的发达有关系，同西亚巴格达关系密切的中亚各伊斯兰王朝，还通过喀喇汗王朝接受了中国文明的影响，而哥疾宁朝之侵入印度，又导致南方文明的北来。所有这些，都自然地促成了中亚各地文化的发展。

下　部

奔腾的民族

第九章　西域胡人回回

一　"回"声朗朗唱九州

有一天，穆罕默德告诉自己的信徒："学问，虽远在中国，亦当求之。"这位伊斯兰教的圣人早已预示到，东方古国的神韵将与穆斯林结下不解之缘。

伊斯兰教在中国的足迹，其实可以追溯到公元618—628年。相传，在唐贞观年间，伊斯兰先知穆罕默德应唐太宗李世民邀请，派弟子盖斯、吾外斯、万嘎斯来中土传教。遗憾的是，"三贤"后来都没能再回到阿拉伯的故土。万嘎斯在广州病逝，盖斯和吾外斯到达长安，后来在回国途中，吾外斯病逝于河西之回回堡，盖斯则于公元635年（唐贞观九年）殁于星星峡，当时被草草掩埋。后来，哈密回王派人在星星峡为盖斯修建了一座"拱背"，即伊斯兰教圣徒墓——盖斯墓，又称"圣人墓""绿拱背"。

《新疆图志》中有这样一段记载："星星峡麓有回纥墓。……土人为醵金建屋，覆其大果石榴新品种——彩虹垄，祷辄响应，匾额充栋，亦有施锦幢墓上者，恒积尺许。"

公元627年（唐太宗贞观元年），萨珊波斯（今伊朗一带）人安拙汗所率 5000 人入唐，太宗诏维州（今四川茂县）安置，授以刺史、拜左武卫将军、累授左卫大将军、右监门大将军，封定襄郡公。这只是西域胡人成规模入华的记载，事实上，民间的商贸的往来更早，如素以兴贩贸易为业、持多种信仰（主要是拜火教、摩尼教、景教等）的中亚诸国胡人、萨珊波斯人等早已开始在华侨居或留居，史书中称他们为"西域胡人""胡商""蕃客"等。

公元 629 年（贞观三年），唐太宗命李靖率军击败了东突厥的贵族政权，颉利可汗被俘。太宗还加强了和西突厥的友好联系，接着又扫除了高昌、焉耆、龟兹等分裂势力。

也同样是在这具有历史性意义的一年后公元 630 年即贞观四年，中国唐代高僧玄奘访问拉合尔。拉合尔是巴基斯坦的历史文化名城，素有"巴基斯坦灵魂"之称。但凡是巴基斯坦的人都知道："一个巴基斯坦人要是没有去过拉合尔就等于白活。"可见拉合尔在这个伊斯兰教国家的地位。这也足以证明伊斯兰教与盛世唐朝的不解之缘。

公元 651 年，正是唐高宗永徽二年。信奉伊斯兰教的大食帝国占领了萨珊波斯王朝，大食使臣到达唐都长安，两国外交关系建立，西域使臣、商人、学者源源不断地来到中国。此后不久，伊斯兰教也随之而来。

据《闽书》记载"（穆罕默德）有门徒大贤四人，唐武德中来朝，遂传教中国。一贤传教广州，二贤传教扬州，三贤、四贤传教泉州"。

由此可见，伊斯兰教最早踏上中国土地是在隋唐时期。在那段空前繁荣的隋唐盛世里，亚洲中部和西部地区的商人通过海上"香料之路"和陆上"丝绸之路"来华，从事商贸往来。胡商、大食人、色目人、蕃客、回回等，都是后来各个时期对外来的回族先民或回族的称谓。

中唐之后，西北丝绸之路阻塞，华北地区经济衰弱，华南地区经济日益发展，海上交通开始兴盛。茫茫大海，神秘而富饶的东方古国——中国，吸引着全世界的商人来此淘金，作为最具经商头脑的阿拉伯人，自然也不会放弃这样一个大好的贸易往来机会。海上丝路的开辟为来往的商旅提供了绝佳的路径，广州、泉州这几个当时的港口城市就成了海上丝绸之路的贸易城市，泉州毋庸置疑是当时海上丝路的起点，当时大部分的穆斯林是以经商为目的从海路到达泉州的，他们被称为蕃客，而其后代人被称为"海回"，这也恰巧区别了中国西北地区从路上丝路而来的"回回"。但是由于泉州地区地理位置的特殊性，往来人口的复杂性，当地的回民风俗保存得并不如西北地区完整，同样，对于伊斯兰教义的传承也远不及内陆伊斯兰教的深远。这也就造成了当今中国西北地区的回族和沿海地区的回族在风俗习惯上的一些差异。

公元755年至公元763年"安史之乱"，即安禄山、史思明谋叛期间，唐肃宗因兵力不足，阻挡无效，为保江山，借大食兵平定叛乱，哈里发"派遣了一支由熟练骑射，勇敢善战的大食人（包括西域诸多民族）组成的军队，在业阿福尔的率领下前往中国，随后，又发生了史思明叛乱，这些大食兵助唐平定了两次叛乱后，恢复了肃宗皇帝的王位，肃宗犒赏西域大食兵，在长安增建一大寺，从各州县挑选适当女子，配嫁大食兵。于是由扬州等地选女子三千，诣送长安，以为匹配。自此以后，大食兵乃安居中国"。

公元13世纪初，因成吉思汗西征，又有大批中西亚一带的各族人民迁徙到中国内地或边疆，有的守边屯田，有的经商，有的为官，有的从事手工制造等，他们和原来就定居在我国内地的回回以及当地原住民女性通婚，在中国境内形成了一个新的民族。总体来说，回族的形成，是外来民族和本土民族间的相互融合。在外来民族中，是以波斯、中亚诸族和阿拉伯男性为主体，构成了回族的主要来源。在本土民族中，是以汉族女性为主体。从回族形成的过程看，是外来民族成分融入中国社会，本土民族成分融入外来民族，进而共同形成了中国回族。公元 1252 年，回回人正式被当时的政府编入户籍，从"蕃客"转变为"回回户"就等于有了中国国籍，成为中华民族大家庭中的成员。

伊斯兰教分逊尼派和什叶派两大教派，在中国的主要是逊尼派。在回族、维吾尔族、塔塔尔、柯尔克孜族、哈萨克族、乌孜别克族、塔吉克族、东乡族、撒拉族、保安族等少数民族中，大多数人信仰伊斯兰教，在其他的汉、满、蒙古、藏、傣等民族中也有信仰者。中国穆斯林大多数聚居在宁夏回族自治区、甘肃、青海、河南、云南、新疆维吾尔自治区等省和自治区，其他各省、自治区、直辖市也有分布。

回族在中国的演变和发展绵延而深厚，既继承了阿拉伯人特有的经商特质，又兼具了汉族人淳厚内敛的个性，顽强的生存能力，热情好客，安康祥和的生活状态，都使得他们在中国这片广袤的土地上写下了属于自己的篇章。

二　不朽的民族之魂

公元 13 世纪，蒙古人控制了欧亚大陆的绝大部分地区，并建立了一个统一且多民族构成的庞大帝国——元朝，各民族得到了前所未有的融合，无数少数民族的英雄好汉、文人墨客代表着自己身后的伟大民族开始书写整个中华历史。也正是在这一时期，进入中原的西域各少数民族，在吸收了汉、蒙、畏兀儿等民族的血缘之后，衍生出新兴民族——回族，正式登上了历史舞台，无数的回族英雄人物正代表了这个民族的坚毅品格：善于学习、勇于抗争、与时俱进。而整个中华历史，正是由于这些高贵品质的存在，才在世人面前显得与众不同。

1. 民族之才

公元 1271 年，元世祖忽必烈从《易经》中挑中"大哉乾元"一词，并将自己祖辈所建立的大蒙古国赋予了"元"这一独特国号，意为"极为广阔的天空"，而疆域面积与整个太平洋相当的元朝也确实恰如其名，3300 万平方公里、占世界五分之一土地面积的疆域，更有超过一亿的人口，在这片辽阔的土地上，征服了 40 多个国家的元朝的庞大身躯正在不断吸收来自各少数民族的新鲜血液，在这些新鲜血液的催化下，回族呼之欲出。

就在这一年后公元 1272 年，长城当中的一个重要关口——雁门关，回族守将阿鲁赤家中迎来了一个新生命的诞生，军事将领出身的阿鲁赤曾南征北战，在战场上见过了太多的血腥与死亡，对于自己能活下来感到庆幸，作为一个父亲，阿鲁赤希望自己的儿子能够获得真主保佑，摆脱一切危险，因而为这个孩子起了个阿拉伯语的名字萨都剌（Sa'dal-Allah），取"真主之福"之意，而这个孩子的汉语名字为

"天赐"，也同样凝聚了父母对他的祝福与祈祷。

这一年对于每个人而言都是平凡的，而阿鲁赤不会想到，自己的儿子通过日后不断的成长，终将在中国文学艺术史上留下浓墨重彩的一笔。

幼年的萨都剌家道中落，他的整个童年时期都过着"家无田，囊无储"的贫穷生活，但是偌大的中国从来不缺乏寒门出贵子的故事，回族善于学习的品格在萨都剌的身上体现得淋漓尽致，虽然出身外族，但萨都剌博学能文，尤善诗画，同时精通书法，被称为"雁门才子"的萨都剌在书法上更是被人们称为能和王羲之比肩的"虎跃龙跳"之才，可见其对汉族文化的精通。

这位回族诗人年轻时便走上仕途，但他的经历却没有如他的名字所赋予的那样一帆风顺，公元1327年（元泰定四年），云游吴楚之地的萨都剌决定考取功名，获得进士及第之后入京做了小官，一年后因弹劾权贵被贬出京城，出京之后官职更是一贬再贬，一生官运无非在九品至七品之间徘徊，由于不断遭遇贬谪，环境的变化使萨都剌尤其擅长山水诗，在唐宋之后，中国诗词的巅峰不复存在，一位回族人用自己的经历独树一帜，扛起了复兴诗歌的大旗。

　　牛羊散漫落日下，野草生香乳酪甜。卷地朔风沙似雪，家家行帐下毡帘。（萨都剌《上京即事》）

萨都剌的诗词犹如回族的生存环境，清新秀丽与豪迈慷慨同时并存，他的怀古之作吊古伤今却不缺乏豪迈的气概，更因其四处游历的开阔视野而融入了更加深刻的艺术境界。

清人李佳所著《左庵词话》曾称赞萨都剌的怀古诗"多感慨苍莽之音，是为咏古正格"。

> 石头城上，望天低吴楚，眼空无物。指点六朝形胜地，惟有青山如壁。蔽日旌旗，连云樯橹，白骨纷如雪。一江南北，消磨多少豪杰。寂寞避暑离宫，东风辇路，芳草年年发。落日无人松径里，鬼火高低明灭。歌舞尊前，繁华镜里，暗换青青发。伤心千古，秦淮一片明月。（萨都剌《百字令　登石头城》）

婉转笔调的旅途抒情之作则是萨都剌的另一种风格，这种风格以今昔对比的惆怅感慨见长，清人王奕清在其编著的《历代词话》中，对于萨都剌的婉约词风大为称赞："笔情何减宋人。"

> 去年人在凤凰池。银烛夜弹丝。沉火香销，梨云梦暖，深院绣帘垂。今年泛落江南夜，心事有谁知。杨柳风和，海棠月淡，独自倚阑时。（萨都剌《少年游》）

回族诗人萨都剌的诗词成就在当时堪称元人之冠，并对后世明清的诗词风格产生了相当大的影响，在其逝世500年之后（公元1355年），被称为中国古典美学最后的思想家的清人刘熙载在其所著中国古典美学经典《艺概》中，对萨都剌的诗词大加赞赏，称其诗词风格"皆擅苏、秦之胜"。不仅如此，在今天北京的故宫博物院中，还存有其绘画作品、国家级文物《严陵钓台图》。萨都剌的艺术成就，成为目前史学界公认的回族文化艺术的高峰。

2. 民族之剑

公元1368年，此时距萨都剌逝世已经有13个年头，大元王朝在风雨飘摇中摇摇欲坠，自称"淮右布衣"的平民皇帝朱元璋在这一年于南京正式登基称帝，建国"大明"，定年号"洪武"，也正是在这一年，朱元璋集结25万明军，开始北伐，而这次北伐的最终目的，便是"驱逐胡虏，恢复中华，立纲陈纪，救济斯民"，试图一举消灭元朝政权，将华夏大地重新置于汉族治下。

> 当此之时，天运循环，中原气盛，亿兆之中，当降生圣人，驱除胡虏，恢复中华，立纲陈纪，救济斯民。今一纪于兹，未闻有治世安民者，徒使尔等战战兢兢，处于朝秦暮楚之地，诚可矜闵。（朱元璋《奉天北伐讨元檄文》）

在朱元璋的北伐军中，无论是将领还是士兵，有相当多一部分是由少数民族构成的。这些人或来自西域或来自吴越，但参加抗元斗争的原因均为自身社会地位不高，这与元朝失败的民族政策有很大关系。

社会生产落后且人口稀少的蒙古人建立元朝后，为了加强自身的统治地位，开始在全国范围内人为地制造民族矛盾，以期分化瓦解各地区的反抗斗争，达到"分而治之"的目的。因此元朝统治者大规模推行压迫歧视色彩浓厚的民族等级制度，元朝统治者将其治下所有人口由高到低分为四个等级：蒙古人、色目人（除蒙古人与汉人、南人以外的西北民族）、汉人、南人（指原南宋各族遗民）。在这一等级体系下，各民族的经济、政治，乃至人身权利都变得极为不平等，例如在各级行政机构当中，长官一职只能由这一体系顶层的蒙古人担任，其他民族只能担任副职以下官职；蒙古人与其他等级居民发生冲突，居民不准还手只准告官；科举考试中若蒙古人及第随即委任六品官职，其他民族则降阶一等。诸如此类的少数民族歧视政策不但没能保住蒙古人的统治地位，最终却引燃了整个帝国疆域内所有受压迫民族的揭竿而起，而元朝极度混乱的朝纲更为各民族的反抗提供了口实与法理依据：

> 元之臣子，不遵祖训，废坏纲常，有如大德废长立幼，泰定以臣弑君，天历以弟鸩兄，至于弟收兄妻，子征父妾，上下相习，恬不为怪，其于父子君臣夫妇长幼之伦，渎乱甚矣。夫人君者斯民之宗主，朝廷者天下之根本，礼仪者御世之大防，其所为如彼，岂可为训于天下后世哉！（《明太祖实录》卷二十一）

在这一背景下，朱元璋的帐下有相当部分的少数民族士兵也就不足为奇，而率领这次北伐的主要将领——常遇春，正是回族人民反抗暴政的最具代表性的人物。

公元 1368 年 8 月，元帝国首都大都被明军攻破，元顺帝仓皇弃城而逃，这座古城迎来了第一个踏入其中的非蒙古裔勇士，这位史书中记载"貌奇伟，勇力绝人，猿臂善射"的勇士，正是半年前北伐开始时，从安徽出发，一路攻克河南、陕西、山西、山东，击败元朝猛将扩廓帖木儿，以气吞山河之势荡平元朝北方军事精锐、攻城略地、杀敌无数，被洪武皇帝朱元璋封为征虏副将军（大将军为徐达）、人称"常十万"的回族将领常遇春。

常遇春的身上拥有着回族的另一个宝贵特质——勇于抗争，早年间因为蒙古统治者欺压少数民族，常遇春生活潦倒，又不甘于老死田间，一度被迫落草为寇，之后朱元璋起兵抗元，常遇春投奔朱元璋帐下，开口便向朱元璋讨要先锋军职，然而彼时朱元璋并未发现常遇春的军事才能，他认为这个年轻的色目人无非是为生活所迫走投无路而来自己阵营中混口饭吃，因此对常遇春的请求不甚了了，对此《明史·常遇春传》有记载：

> 初从刘聚为盗，察聚终无成，归太祖于和阳，即迎拜，自请为前锋。太祖曰："汝特饥来就食耳，吾安得汝留也。"遇春固请。太祖曰："俟渡江，事我未晚也。"（《明史·常遇春传》）

然而常遇春很快迎来了证明自己的机会，在一次与元军的战斗中，常遇春只身深入敌阵，为朱元璋的部队杀开了一条道路，常遇春所表现出的无畏勇气让朱元璋重新认识了这个回族年轻人。战斗结束后，朱元璋亲自为常遇春授予总管府先锋印，拜常遇春为先锋，此后只要明军展开大规模的军事行动，在主要战场上都能看到常遇春身先士卒的先锋身影。

在元末群雄并起的年代，作为朱元璋帐下第一先锋，常遇春在战阵中所面对的，并非是些无足轻重的小角色，而是比自己更善于智谋的陈友谅、军队规模比自己更大的张士诚，以及残忍堪比罗刹恶鬼的元朝军队，面对这些敌人，常遇春从来不曾后退半步，他训练的部队能够清晰地体现他身上所具有的特质：敢打敢拼、英勇无畏。而这些特质也正是回族自诞生以来就具有的，常遇春将这种特质保留下来，加以发挥，最后映射在自己的部队上。勇猛果敢的民族特征不仅使常遇春自己一生从无败绩，更为缔造大明 276 个春秋的明军，铸造了属于自己的独特军魂。

然而战争中的常遇春也并非从来不遭人诟病，事实上，这位少数民族将领有一个相当具有争议的习惯——杀降。

中国兵家自古以来便有杀降不祥的说法，擅杀俘虏的将领最终也无法得到善终，秦将白起坑杀 40 万赵国降卒，最后却被迫自尽；西楚霸王项羽一声令下处死 20 万投降秦军将士，最后却被迫自刎。常遇春在战争中也多次杀降，后世有部分说法将常遇春杀降的嗜好归结为少数民族的"狼性"，而在这种"狼性"之下，人们往往有着极为特殊的价值观念，表现在战争当中，便是绝不允许自己投降，也绝不允许敌人投降。当然常遇春杀害俘虏还有诸如后勤补给问题的客观现实因素，但从本质上看，还是常遇春身上的民族狼性使然，常遇春用这种极端的手段击垮了自己的敌人，也锤炼出了大明部队区别于其他朝代军队的作风。

面对敌人，死战到底，不带怜悯、不带同情、不带悔恨。

两个世纪之后，当抗倭名将戚继光带领戚家军在东南沿海面对掠夺成性的倭寇时；当李如松带领辽东铁骑在朝鲜面对穷凶极恶的日本军队时；当袁崇焕带领神机营在辽东面对来势汹汹的后金军队时；当史可法带领全城百姓站在扬州城头面对杀人如麻的清军时，这些在华夏文明史上曾留下过浓墨重彩的将领所率领的部队，无一不散发出大明首任军事主官常遇春所特有的气质，而这样的气质，也成就了明军的军魂。

勇猛的常遇春为明太祖朱元璋打下了大明的锦绣江山，朱元璋也深深赞赏着常遇春出色的军事才能，常遇春时常自夸若自己能带十万军队，便可横扫大江南北，这样的气魄与战绩，常遇春因此也被世人戏称为"常十万"，而敌军往往听到"常十万"的名头便已军心动摇闻风丧胆，之后朱元璋封赏功臣时虽然常遇春已英年早逝，但仍给予其隆重的封赏，对此《明史》记载：

> 赐葬钟山原，给明器九十事纳墓中。赠翊运推诚宣德靖远功臣、开府仪同三司、上柱国、太保、中书右丞相，追封开平王，谥忠武。配享太庙，肖像功臣庙，位皆第二。遇春沉鸷果敢，善抚士卒，摧锋陷阵，未尝败北。虽不习书史，用兵辄与古合。长于大将军达二岁，数从征伐，听约束惟谨，一时名将称徐、常。遇春尝自言能将十万众，横行天下，军中又称"常十万"云。（《明史·常遇春传》）

代表回族勇于抗争精神的常遇春于北伐凯旋归途中病逝，年仅40岁。后世仍然纪念他的功绩，公元1720年，清乾隆皇帝为其亲笔御题"勇动风云"四字，第二年时任两江总督的尹继善奉旨为其祠堂题写对联：

> 将十万众之威名，常诵都人仕女；居七八分之功
> 业，永留大地河山。

3. 民族之智

公元 1582 年（明万历十年），此时经过近两百年的发展，明朝的社会经济与文化已经发展到了空前繁荣的地步，工场手工业已经在部分发达地区形成，拥有原料、资金和机器的手工工场主雇用大量自由雇工，按照市场需求生产手工商品，被后世史学界所津津乐道的明朝中后期资本主义萌芽正在悄然萌发。

这一年，一个回族老人放弃了多年的仕途生涯，辞官回家，从此潜心学术讲学。

这个老人叫作李贽，在中国哲学思想史上注定将会留下极其深刻的一笔，而他的思想，也成为回族与时俱进特质的代表而为世人所铭记。

然而此时思想的发展却跟不上社会环境前进的脚步，尤其以儒家思想为甚，经过近两千年的不断发展，儒家思想到明朝中叶已经形成为一种更加完善、更加具有思辨性的哲学思想，这种思辨性尤其以强调"天道"与"人性"的服从与被服从关系而著称，与此同时，由于市民文化的不断冲击，此时的儒家思想也比以往任何时候都要深入人类社会的伦理道德观念，然而对道德观的过分强调和对儒家经典近乎偏执的解读，逐渐使社会精英人群丧失了自行思考的能力，而这种被深化的儒学思想同时也在很大程度上扼杀了人们的

自然欲望与创造性，这种极端偏执且不带丝毫感性色彩的儒家思想，在这一时期被人们称为"理学"或者"道学"。

对装腔作势且不断强调"存天理、灭人欲"的假道学厌恶至极的李贽一生犹如封建时代的叛逆者，他崇尚思想解放，一生不愿受礼教的管束，辞官之后，他在所著文集《焚书》中阐述了礼教束缚对于自己一生的阻碍：

> 余唯以不受管束之故，受此磨难，一生坎坷，将大地为墨，难尽写也。（李贽《焚书·卷四·豫约感慨平生》）

因为仕途坎坷，李贽最为痛恨卫道士与伪君子，而对这些人所维护的传统封建礼教则大加痛斥，在其所讲学内容中，顺应了时代发展中人们对于商品经济的诉求，批判传统封建礼教对于人性的侵蚀，同时倡导功利价值思想，反对传统重农抑商思想，宣扬商贾功绩。对专制皇权的不满，更使其成为明朝中后期民本思想的先行者。而这一系列的思想符合明朝中后期资本主义的发展潮流，回族与时俱进的民族特性在这位老人身上体现得淋漓尽致。李贽在其著作中，也一针见血地道破了传统礼教拥护者的虚伪面孔：

> 名心太重，回护太多。实多恶也，而专谈志仁无恶；实偏私所好也，而专谈泛爱博爱；实执定己见也，而专谈不可自是。及乎开口谈学，便说尔为自己，我为他人；尔为自私，我欲利他，读书而求高第，居官而求尊显，无一厘为人谋者。（李贽《焚书·答耿司寇》）

对于传统礼教的不屑在李贽笔下随处可见，在当时以孔孟之道为官方主流思想的环境下，这种行为岂止"异端"，简直"大逆不道"，然而追求自由思想的李贽从来不在乎他人的眼光，他写下无数文章时刻对儒家思想口诛笔伐，而这些文章也成为后世研究李贽所倡导社会价值思想的有力佐证：

> 人皆以孔子为大圣，吾亦以为大圣；皆以老、佛为异端，吾亦以为异端。人人非真知大圣与异端也，以所闻于父师之教者熟也；父师非真知大圣与异端也，以所闻于儒先之教者熟也；儒先亦非真知大圣与异端也，以孔子有是言也。其曰："圣则吾不能"，是居谦也。其曰"攻乎异端"，是必为老与佛也。（李贽《题孔子像于芝佛院》）

与时俱进的思想与勇气，一目了然。

时至今日，思想学界也许会思考这样的命题，若李贽的思想在当时能够更广泛地传播，是否彼时的资本主义萌芽就会得到延续，或者华夏思想界就会迎来一场不亚于欧洲启蒙运动的革命？

然而个人命运与国家历史在冥冥之中有时总会联起手来和所有人开一个荒诞且致命的玩笑，这样的玩笑在不经意间往往就悄悄改变了历史车轮所转动的方向。回族思想泰斗李贽最终因"敢倡乱道，惑世诬民"的罪名而被捕入狱，而坚持自己身家清白的李贽不堪牢狱之辱，最终自刎狱中，终年75岁。

　　李贽的价值思想恰如回族的性格，在整个中国哲学史上始终存在着巨大的争议，称赞李贽的人说他是"骨坚金石，气薄云天；言有触而必吐，意无往而不伸"（袁中道《李温陵传》）。而攻击李贽思想的人却说"贽书皆狂悖乖谬，非圣无法，惟此书抨击孔子，另立褒贬，凡千古相传之善恶，无不颠倒易位，尤以罪不容诛者。其书可毁，其名亦不足以污简牍"（《四库全书总目·别史类存目》）。李贽死后，其著作被官方先后数度禁毁，而民间却盗印托假者不断，更是其学说争议性的直观体现。

　　数百年来，无论史学界还是思想界都试图对李贽及其学说进行总结，然而或许美国著名历史学家、"大历史观"的提倡者黄仁宇先生在其明史著作《万历十五年》中对于李贽的总结最为中肯："李贽的悲剧不仅属于个人，也属于他所生活的时代。传统的政治已经凝固，类似宗教改革或者文艺复兴的新生命无法在这样的环境中孕育。社会环境把个人理智上的自由压缩在极小的限度之内，人的廉洁和诚信，也只能长为灌木，不能形成丛林。"

　　有关回族的故事还远未结束，在历史的舞台上有太多的回族代表人物奉献给世人精彩绝伦的演出，而祖辈从中亚通过丝绸之路迁居中土的回族英杰萨都剌、常遇春、李贽，无疑在回族最为辉煌的年代将这个民族善于学习、勇于抗争、与时俱进的民族特征演绎得淋漓尽致，为后世人们研究这一神奇民族的精彩历史，提供了精妙且韵味无穷的素材。

第十章　苍狼之后裕固族

一　一个诗人的民族志

　　相传，裕固祖先迷失在泰加林后，一匹苍狼带领他们走出了这片森林。恰好也生长在祁连山北麓的裕固族作家铁穆尔的书房里，最为醒目的要属一幅黑色的苍狼挂毯。这匹苍狼的目光忧郁而冷静，坚毅又忧伤，如一把利刃刺破满屋书香，仿佛能听到悠远低亢的狼嚎之声，与铁穆尔一起叙说着一段裕固族的历史。

　　铁穆尔是裕固族后裔，这个民族现只有一万余众，自称"尧熬尔"，最早从阿尔金山迁徙到苍茫延绵的祁连山南麓，以草原为栖息地，在这片草地间策马奔腾。这里有森林覆盖，这里的青草没膝，这里积雪映射天堂，这里流水贯穿于人间。高耸入云的山上，洁白又或黝黑的羊只在岩石间游弋、转动；憨憨的牦牛最为幽静和坚韧，纷披的鬃毛，弯曲的长角，这种奇特动物应该是最接近神灵的。在如此的文化地域背景中，铁穆尔对文化的追寻、收集和整理是最为坚实的，与常年携带的行李一起，独自漫游在西北大地，在广袤的土地上找寻民族发展的点点滴滴，用悲怆、血性的浑厚之笔记录民族的发展生存史和心灵史。

> 流亡既是个真实的情境，永远不能处于完全适应的
> 境况，总觉得仿佛处于当地人居住的亲切、熟悉的世界
> 之外……无休无止、东奔西走，一直未能定下来，而且
> 也使其他人定不下来……因为流亡而不能适应，或者更
> 中肯地说，他们宁居于主流之外……
>
> ——萨依德①

先说说尧熬尔，这是裕固族人的自称，"尧熬尔"（裕固
族自称译音）在中国是人口较少的民族之一。"袁纥""回
纥""回鹘""畏兀尔"都是"尧熬尔"和"维吾尔"的汉
语译音，这个在历史上有两千四百多年，在匈奴帝国时就被
人所熟知的名称和新疆"维吾尔"缘起于同一个名词。一些
学者将这个神秘的词解释为"混合起来，附着力"的意思，
也可以理解为"联盟、结合"。传说，在一次征服中亚的战
争中亚历山大大帝遇到了一些叫作"尧熬尔"的引弓之民，
这些人戴的帽子的两翅像极了鹰的翅膀，他们在马上的骑术
非常娴熟精湛，对此亚历山大大帝十分惊讶。

公元前 3 世纪即将结束时，许多游牧部落，他们属于阿
尔泰语系的匈奴联盟，大都分布在我国西北、华北的广袤草
原上。那么，我们是否可以说尧熬尔人的先祖便是匈奴人。
在汉、三国时期，在蒙古高原上脱离匈奴帝国的部分维吾尔
族祖先，游牧在今天河西走廊（现在的酒泉，武威）一带，

---

① 转引自南子《游牧者的归途》，《天涯》2013 年第 5 期。

为后来的回鹘人入居河西开了先河。匈奴主体西迁欧洲后，蒙古高原及中亚各游牧人由柔然汗国统治，柔然人操古代蒙古语。后来，柔然人西迁欧洲后，这一地区由与回鹘人同一种族的突厥汗国统治。至唐初，部分铁勒人又东迁河西，唐朝将其安置于甘州（张掖）和凉州（武威），后来成为河西回鹘的组成部分。① 因此，在铁穆尔看来，"尧熬尔"同过去强盛的"匈奴帝国""蒙古汗国""突厥汗国""回鹘汗国"和"柔然王国"是兄弟姐妹，是一脉相承的孑遗，虽然习俗语言不同。

两千多年前，中亚草原被尧熬尔人的元祖匈奴征服，他们在绿色的蒙古高原，宏伟的阿尔泰，连绵的腾格里杭盖，绚丽的准噶尔，广袤的柴达木建立了幅员辽阔的游牧帝国，这里成了匈奴人游牧的家园。这里美丽的草原变成了一条金色走廊，直通东欧、南俄罗斯草原。极具智慧的匈奴士兵曾骑着精良的战马，伴随着血腥的杀戮，以腾格里杭盖为目标登上青藏高原。寒风凛冽、云雾弥漫，穿过焉支山，踏上西拉告图，走入八字墩草原，穿越浩瀚的乃缦额尔德尼冰峰，征服了整个西伯利亚和蒙古高原。

后来，爆发了一场惊心动魄的战争，成千上万的尧熬尔人死于这场战火和杀戮。随后，蒙古高原瞬间成了一片废墟，因为草原上蔓延起一场罕见的疾病，人们只能在磨难中祈求希望。幸运的人死里逃生，流浪四方，寻找一个新的家，但他们的生活依然被寒冷和饥饿吞噬，直至剥夺他们的生命。忽然有一天，一匹有着金色鬃毛的苍狼站在人们眼

---

① 见肃南县裕固族文化研究室编《尧熬尔文化》2007 年第 1 期。

前，苍狼对着天空长啸，仿佛对人们喊着"前进，前进……"苍狼带着人们来到了无边无际的戈壁，饥渴和炙热使人们备受煎熬。就在痛苦的人们几近绝望的时候，突然一股清澈的水从沙石中缓缓渗出，原来一头强壮的雄牛用自己的犄角掀起了干沙，为人们带来了希望，使人们走出了浩瀚戈壁。历经无数艰辛的人们终于到了雪山脚下，他们穿着树皮，吃着树枝，饥寒再次将他们吞没。这时"火神"来到了人们的身边，他是一位饱经沧桑的老者，他克服种种磨难，从雪山中为人们取出了救命的火石，火石点燃草和树枝。当人们在熠熠火光中享受光明与温暖的时候，这位老人却已背靠着大树安然离去，这位"火神"便被后人誉为"嘎拉布尔汗"。尧熬尔老人们常说："是腾格尔诺海带我们走出了森林，是雄牛帮我们找到了水，是嘎拉布尔汗给了我们光明。""一个老人就是一座金山"这句名言是尧熬尔人的由衷之言。据说，那位取火的老人临终前留下了一幅神奇的地图，这幅图上画着巴斯墩、腾格里杭盖、乃曼额尔德尼的河流、山脉与星辰。①

人们按照"火神"留下的地图继续向东前行，攀越了西拉告图，走过了黑河与大通河，历经艰险，终于在云雾缭绕的山群和草原间找到了"圣光"——雄伟壮阔的乃曼额尔德尼。当他们来到这片富饶美好的草原时，被眼前的景象所震撼。柔和的秋风轻拂着人们的面颊，盘羊和雄鹿在青草中自由奔跑，具有灵性的大雁擦着人们的头顶飞过，群鸟的歌声

---

① 汪玺、铁穆尔、张德罡、师尚礼：《裕固族的草原游牧文化——裕固族民族的形成、宗教信仰与语言文字》，《草原与草坪》2011 年第 6 期。

响彻两岸黑河，野牦牛、盘羊、黄羊、白唇鹿在森林中群居出没，人们的双腿淹没在白桦林的落叶和草丛中。乃曼额尔德尼的美丽如此迷人，令人如痴如醉。

此后，尧熬尔人、蒙古人、唐古特等游牧民族接踵而至，他们在这片美好的草原上渐渐安顿下来。在乃曼额尔德尼的高峰上尧熬尔人建立了属于汗腾格尔的第一座鄂博，首次举起了黄色大旗。

后来，尧熬尔人分裂成了西拉尧熬尔、哈日尧熬尔、察汗尧熬尔三个部族。西拉尧熬尔是第一支部落，黄色的族旗上绣着一匹苍鬃金狼，他们在苏日托莱、乃曼额尔德尼东面游牧，叫阿勒坦兀日格，即黄金家族。第二支部落是哈日尧熬尔，游牧在沙州（今敦煌、肃州）一带，有着黑色的族旗。察汗尧熬尔是第三支部落，白色的族旗，游牧于夏日巴颜（今大谷山）一带。①

富饶的巴斯墩草原上，平静的生活始终伴随尧熬尔人，草原上散着成群的牛羊。那时，天空湛蓝、山清水秀、草场肥沃、鸟语花香。各个家庭的灶房里弥漫着甜牛奶和肉的味道，人们每天都吃着奢侈的食物。

女人每天用于洗脸的都是鲜奶，给小孩擦拭屁股都是用和好的面……如此富饶的生活仍然不能满足人们的贪得无厌，牦牛因愚笨而遭受嫌弃，奶食因油腻而被丢弃，氆氇因粗糙而被冷落。见到贪婪的人们如此生活，虔诚的老人们痛心不已，开始每天祷告，希望上天惩罚这些暴殄天物的人。

---

①　达隆东智：《草地春秋》，《西部（新文学）》2002 年第 7 期。

没过多久，上天开始惩罚这些不知满足的人。整个草原顷刻间被暴风雨洗劫，洪水无情地淹没了丰收的田野，在这场灾难中，只有少数尧熬尔人幸存了下来，他们离开了巴斯墩、乃曼额尔德尼这块富饶的土地，与西藏格鲁派佛教接触。确切来说应该是从 16 世纪开始，藏传佛教，彻彻底底改变了历史上的尧熬尔人。

> 听老辈人说着唱着才知道了，西至哈至是我们的故乡，许多年前那里灾难降临，狂风卷走牲畜，黄沙吞没寺院和账房……走过了千佛洞，穿过了万佛峡，来到了八字墩辽阔的牧场，登上了祁连山……①

这是一首裕固族家喻户晓的传统民歌"西至哈至"，这首歌讲述了裕固族最初的聚居地点，也就是西至哈至。然而之后的四百多年，尧熬尔人的精神始终在流浪。在祁连山深处他们丢失了自己的文字，孤零零地生活在汉人和藏人中间。由于缺乏文献书籍，使尧熬尔的历史变得"神秘莫测"，最终呈现在世人面前的是一团团迷雾。

二　探寻西至哈至

> 祈祷拜佛的舍利佛塔被黄沙埋了，我们无奈才从西至哈至走了。老爷爷指路没有迷失东迁的方向，老犏牛

---

① 汪玺、铁穆尔、张德罡、师尚礼：《裕固族的草原游牧文化——裕固族民族的形成、宗教信仰与语言文字》，《草原与草坪》2011 年第 6 期。

（灵性的公牛）找水才没有渴死……

——裕固族古歌《西至哈至》①

　　在许多民间传说和民歌中，说到裕固族都会提到"西至哈至"。到底哪里是"西至哈至"？除了上述这些理想化的画作和个人典藏记载外，"西至哈至"一词不存在于任何的史籍记载中。一些观点说"西至哈至"是在吐鲁番、阿尔金山，也有的说是新疆的喀什、于阗。究竟神秘的"西至哈至"在哪里，尚未有确切的说法。

　　有许多美丽而奇特的传说被赋予"西至哈至"，因而它就成了裕固族人民精神的象征，这些弥散着尘世烟火，洋溢着裕固人民美好愿望的传说，引导着这些迷茫的人走完这段艰难的流亡之路。

　　对于铁穆尔来说，古代游牧民族的家园便是亚欧草原，这片土地是他的祖先如同候鸟迁徙一般东来西往的地方，也是阿拉提、成吉思汗和其他民族英雄固守的家园。因此铁穆尔想通过这片神圣的土地找到尧熬尔这个民族的根源。

　　那是1986年，铁穆尔依靠自己微薄的工资和亲朋的资助，踏上了探寻尧熬尔真正根源的道路。从祁连山下尧熬尔人的夏营地到亚欧草原东南端，他独自漫游，坚守着心中的一个信念，从一个牧人的脚下即将迎来草原文明的最初黎明。

　　由于人口较少，文化尚处于封闭状态的裕固族在全球化的今天也许会有一种孤寂感，他们希望找到自己的同胞，找

---

① 转引自南子《游牧者的归途》，《天涯》2013年第5期。

到与本民族相似的文化。维吾尔族便成为这样一种精神寄托，他们与裕固族有着错综复杂的关系，也有着神秘的隔代遗传。因此一些裕固人民仰望着这个大游牧民族，使一种"游子思母"的情愫发酵升温，对自己其实并不熟悉的新疆无数次地憧憬，仿若一只迷途的羔羊对羊群的渴望。更多的人为了实现这样一种向往，执着地崇拜着那些游牧民族的文化，希望尝试着与这些一母同胞的兄弟姐妹融为一体，共同走向未来。

　　1993 年，铁穆尔再一次踏上了追寻四百多年前最后一些尧熬尔人迁徙路径的征途。无边的芦苇、孤傲苍白的胡杨林和沙丘，这些都是铁穆尔在新疆塔克拉玛干沙漠的东北缘看到的风景。铁穆尔计划从阿尔金山出发，向东沿着当年祖辈东迁流亡的路走下去。到了阿尔金山后，铁穆尔看到的是当地的维吾尔族人正在荒山间一些稍好点的草场上放牧，这里的植物非常稀少，仅有野羚羊和野骆驼们吃的植物，几块巨大的岩石突兀地伫立在戈壁上……这里就是裕固族人曾经生活过的地方吗？那时尧熬尔人是如何从大戈壁开始流亡的呢？唯有历史知道答案吧。

　　故事的最后，铁穆尔仍不能确定"西至哈至"究竟在哪里，或许今天的新疆已经没有裕固族人了。但在过去，尧熬尔人的故乡的确是新疆，在他的眼中，用木杆和石块搭起的鄂博依旧在阿尔金山的山顶上，破旧不堪的寺院仍然伫立在沙漠中。

　　对于铁穆尔来说，"西至哈至"就如同一块被人遗失在陌生时空中的陨石，过去的传奇已然无足轻重，没有人再去关注这个曾经的草原民族，经过时间的洗礼，今天的人们早已无法找到那遗失在脑海深处的记忆碎片。

尧熬尔人始终都是典型的流亡者，无论是从民族文化风俗、民族历史，还是从民族性情上来说。铁穆尔是尧熬尔人的后裔，从小接触现代汉文化教育，这是两种截然不同的文化，他同样是一个心灵始终在流亡的人，因为他的血液里所流淌的不止一个民族的历史与文化。在毫无节制的农耕和现代城市发展需要的影响下，游牧世界开始快速萎缩、转化，许多草原已面目全非。不论是在成长过的都市小镇，还是在赖以生存的游牧草原，铁穆尔终究是一个边缘人、局外人。同样，在当今文化语境中，他不可避免地要面对周围的异质文化，因此他又是一个接近边缘，属于大自然和民间的人。然而这些并没有使他沉醉于曾经的光辉历史，而是让他无休止地思考：尧熬尔是怎样的一个民族？尧熬尔民族该怎样讲述自己的故事？尧熬尔人有着怎样的精神追求和性情品行？少数民族该如何净化和升华自己，等等。总而言之，铁穆尔有着广泛且超于常人的民族精神和寻根情结。

民族身份认同对于尧熬尔民族来说异常重要，因为在如今高速发展的世界，本土文化在现代文明和异族文化的吞噬中逐渐消亡，而民族身份认同便成了尧熬尔人证明自我的重要途径，同样这也是民族心理、民族文化的重要标志。"文化身份意味着一种文化只有通过自己文化身份的重新书写，才能确认自己真正的文化品格和文化精神。这种与他种文化相区别的身份认同，成为一个民族的集体无意识和精神向心力，也是拒斥文化霸权的前提条件。"① 铁穆尔就是这样的一个人，他立志于把即将消失的口传文化融入自己的文学创作中，尝试着挽救那些即将消亡的传统文化，传承本民族的优秀文化，沟通各民族的历史血脉，将自己本民族的文明传统发扬光大。带着这份神圣的信仰，铁穆尔在亚欧草原的各个角落留下了自己孤独的足印，为寻找民族发源、迁徙的轨迹而遨游于广袤大地之中，终于把那零散隐晦，即将消失的口传文化通过独特的文学修饰绘制成了一部有血有肉的史诗巨著。"以期能起到连接曾经中断的几代人之间、几个民族之间的血肉联系，连接几个时期破碎的历史、文化和地域关系。"② 因为他的尧熬尔血统，使他具有很强的民族传承意识，并对依附着的游牧文化有深厚感情。在期望传承、发扬民族文化的同时，铁穆尔也重视对文化内涵和价值的探索，"希望人们从尧熬尔人的历史中看到尧熬尔自己的思想感情，也希望人们以一种毫无先人之见的态度去了解这个游牧民族，而不是看作'被研究''被观看'的毫无自主性的一个社群"③。

如果一个人能够把自己的体验置于这个民族的历史、文化传统中，那么他就已经走向了主动的精神追求和文化认同。如今，作为一名知识分子的铁穆尔，早已告别了与牛羊为伴在牧场上奔跑的日子，但立志于收集民歌，记录传说，整理口传故事的他却始终没有忘却自己的民族使命，那就是

---

① 王岳川：《后殖民主义与新历史主义文论》，山东教育出版社 1999 年版，第 147 页。
② 铁穆尔：《裕固民族尧熬尔千年史》，民族出版社 1999 年版，第 2 页。
③ 同上书，第 1 页。

通过自己勤劳的双手、过人的智慧、敏锐的洞察力为世人谱写一首恢宏、壮阔、神秘的裕固族文化史诗。

"我希望我能够去实现我在亚欧草原上流浪终生的夙愿",更加愿意"头枕马鞍轻轻吹着口哨躺在一片荒无人烟的秋日的白桦林中死去"①。为了追寻草原上祖先的足迹,零距离感受他们的呼吸,哪怕独自死在白桦林也在所不惜。这般痴狂的梦想是痴情作家寄情于追寻传统文化的最佳诠释。

三　游牧的结束

> 草原,草原,你是我终身魂牵梦萦的地方,你是我生命中最大的幸福,你是我一生的自豪。
>
> ——铁穆尔②

铁穆尔反复歌唱着他最喜欢的游牧文化,如同一个充满激情的歌手,表达了无尽的澎湃之情。无论是在过去单纯的民族文化的大环境中,还是在如今都市文化与传统文化的冲撞中,铁穆尔都热衷于展示独属于尧熬尔民族的原生态文化。他的作品几乎都流露出鲜明的裕固族风情和裕固族特色,不管是励志传奇的人物传记,还是平淡丰富的游牧生活。湛蓝的天空、纯净的雪山、青翠的草地、肥壮的羊群、幸福的人们,这些美好的事物都是他创作灵感的重要来源。

---

① 铁穆尔:《星光下的乌拉金》,甘肃文化出版社 2006 年版,第 45 页。

② 刘朝霞:《游牧文化的歌者——论裕固族作家铁穆尔的创作》,《民族文学研究》2011 年第 4 期。

这种人与人，人与自然，人与动物的胶漆相融，在不经意间传递给人们一种暖暖的正能量。

同任何一个游牧民族一样，在裕固族人的眼中蓄养和放牧是与民族生活息息相关的两件大事，把羊群喂壮，把马儿喂饱是这个民族从古至今沿袭下来的生存准则。就像歌曲《牧马人》中唱的："一辈子放牧，摸黑又起早，马背上失去了青春却不曾知道，放过羊群放过马群，放过了风沙也放过了风暴，从不辗转昨日的围栏，总在把新的牧场寻找，大河也拦不住，沙漠也挡不住。"① 这里的人们不会在某一个地方停留太久，即便漂泊游牧的日子再苦再累，只要能找寻到肥沃的水草，放牧的牛马羊能膘肥体壮，也无怨无悔。如此便是真实的裕固族游牧生活。

长期以来，裕固族的草原文化通过逐步地适应草原生态环境变化而不断发展传承下来。裕固族聚居地区深处内陆，终年少雨，气候干旱，这样的气候特征使该地区的自然环境尤其脆弱。要在这样的气候环境下生存，对于裕固族人民来说，游牧就成了最适合、最重要的经济形态，理所当然游牧业便成了裕固民族赖以生存的主要经济方式，久而久之形成了具有民族特色的文化基础。在人类所拥有的一切文化关系中，人与自然的关系毋庸置疑是一切关系的基础，具有十分重要的作用。在与草原长期的相处过程中，裕固族敏锐地感触到人与自然紧密相连的关系，裕固族文化对自然的理解构成了这种文化的基础价值取向和主要内涵。从而生态意识贯

①　张丽娟：《嬗变与抉择——文化传播视野下裕固族游牧文化变迁研究》，《兰州大学新闻传播学》，2013 年。

通于这个民族一切的精神与物质活动中，同时以制度、习俗等形式得以总结、传承和延续。

如苏联的吉尔吉斯作家艾特玛托夫所言："一个人的命运从一开始，便蕴育在他和他父辈出生、成长的土地上。重要的是，他能如蜜蜂采蜜浇灌自己一样，从这片土地中汲取心灵的慰藉。"① 也许是受艾特玛托夫对草原那浓烈的爱意与怜惜的感染，这种感情也引起了铁穆尔的共鸣，这使得他的创作与表达中总是萦绕着浓郁的草原情结。在创作中这般惺惺相惜或许是因为他们有着共同的文化缘起和对草原游牧的眷恋，在铁穆尔和艾特玛托夫的作品中总是能感受到一种似曾相识，他们所抒发的都是一种博大辽阔的草原情怀。草原不仅属于祁连山，也属于贝加尔湖等整个欧亚草原，这一点总是传达在他的作品中。匈奴帝国、回鹘汗国、突厥汗国、蒙古帝国等游牧民族过去一直生活在这片草原上，这是一块各族文化碰撞、交融的土地。

铁穆尔的作品中弥漫着一种情结，那就是始终伴随着裕固族生存发展的忧患意识，这是其他民族无法感同身受的。

一方面，裕固族这个少数民族生存空间有限，经济落后，文化封闭，习俗独立，所以在生活环境和文化背景上具有较强的失落感和孤独感。而以汉文化为主的各种其他民俗文化的强烈冲击，以及快速发展的经济对生活方式、生产方式的不断影响，使得裕固族的传统文化受到侵蚀，日趋消亡。留守人口的减少和风俗仪式的淡化，又让他们的生活发生了转变，民族的未来走向也始终让人迷茫与担忧。在如今

---

① 彭梅：《故乡和艾特玛托夫的小说》，《国外文学》1998 年第 8 期。

机械化、工业化的世界中，游牧与农耕文化逐渐过渡到带有工业化烙印的农业和畜牧业产业中。世界形势在快速变化，科学技术也飞速发展，游牧文明却逐渐衰落。在亚欧草原上，裕固族生存的草原逐渐被农田、矿山、工厂代替，游牧已极为罕见，剩余的游牧地区大多成了荒原，民族的发展前景堪忧。

　　另一方面，这种忧患意识又被民间那种质朴纯粹的草原精神稀释与升华了。艾青曾激吟："为什么我的眼里常含泪水？因为我对这土地爱得深沉……"铁穆尔的作品总是忧伤地表达了他对整个尧熬尔民族深切的爱，包括对草原、对人民、对文化、对一切的博爱。"作为一个正在灭绝的种族的儿子，作为一个草原的写作者和边缘者，我在想：我们需要的是创造文学吗？不，我们首先要捍卫它——捍卫自然。"① 裕固族人的生存状况、尧熬尔民族的未来发展，这一切都让铁穆尔时常挂念与担忧。"歌谣的灵魂是忧郁的。"这是尧熬尔族的一句老话。然而尧熬尔的历史就是一首首悲歌，裕固族百姓对苦难的记忆与感触总是最敏感、最强烈的。我们可以肯定的是这种悲伤的情感将会有益于民族的进步，这种忧患可以让人们保持理智，使感情得到升华。悲伤总是会伴随着有远大志向的人们，这才是人类最为珍贵的宝物。

　　这种与生俱来的忧伤使铁穆尔可以准确地捕捉到民族的现实状况，可以唤起裕固族人民对全新生活的憧憬，可以准确把握民族的未来走向。面对逐渐走向衰落的裕固民族，铁

---

① 铁穆尔：《星光下的乌拉金》，甘肃文化出版社 2006 年版，第 175 页。

穆尔把这种个人的忧伤情调升华到民族大爱和人类发展的精深层面上，酝酿出了一种精神补救：在精神上全人类联合起来。因为真情的沟通是全人类最珍贵的宝藏，只有真情才能打动全世界，只有真情才能抚慰人心。这是一场心灵的净化或是真正的凤凰涅槃，这是由众多的苦难、牺牲、消亡换来的。真情属于全人类，真正的幸福只有从涅槃的烈火中得到重生。①

　　如今，越来越多的游牧民族从"风吹草低见牛羊"般如画的意境中脱离，移至屋舍成排、错落有致的民房中。对于游牧民族来讲，他们栖居、繁衍、生息的场所是草原，当生存条件和居住地发生转变，当居民身份替代牧民身份，当大众文化逐步吞噬游牧文化，民族的传统文化也将面临巨大的裂变。

　　如果有一天裕固族人渐渐地定居下来，不再继续游牧迁徙，那么必然会有一股暗藏在生活背后、无法触摸却始终影响着他们的生活方式，甚至是思维方式的强大力量，带着前所未有的冲击来到人们的生活中。这是一个"再社会化的过程"，在这个进程中，他们的传统文化、生产方式、生活环境等都有了翻天覆地的转变。从某种程度上而言，这种改变实际上是一场文化变革。

　　2008年11月，《额尔古纳河右岸》入围了第七届茅盾文学奖，作者迟子建说："全球一体化是以弱势群体的消失为代价的。"她的挽歌同样传达了一份双重焦虑：对终将逝

---

　　①　王锐：《裕固族作家铁穆尔的诗性写作》，《民族文学研究》2009年第1期。

去的游牧文化的悲惋以及对现代文明强势同化的堪忧。① 随着现代文明的加速发展，随着固守者的离开，还有谁会坚持做最终那个游牧人？

四　祁连山的忧伤

没有高耸入云的祁连山，就没有雪水灌溉的良田；
没有汹涌澎湃的雪泉水，就没有翡翠铺成的草原。

——裕固族民歌

祁连山是一组边缘山系，位于青藏高原东北部，东起乌鞘岭的松山，西至当金山口，东西总长 800 公里。北靠河西走廊，南临柴达木盆地，南北距离 200—400 公里。一系列谷地和山岭组成了这座海拔 3000—6000 米，主峰 5547 米，冰川纵横，巍巍壮观的祁连山。② 逐水草而居，以畜牧业为生的裕固族就聚居在祁连山北麓。

宏伟壮阔，气势恢宏的祁连山，仿若一条巨龙盘踞于河西走廊。冬季，万岭千山通身披雪，白茫茫一片，在阳光的照射下，银光四熠；夏天，祁连山被雪线横腰截断，上端依然积雪，银光熠熠，下端树木葱茏，青翠欲滴。

祁连山顶常年积雪，山腰上则广布冰川，这样的分布使祁连山构成了一个独立完整的生态系统，也为她赢得了"冰

---

① 贺卫光：《论多元文化中的民族变迁——以裕固族变迁为例》，《西北师范大学学报》2011 年第 4 期。

② 窦贤：《正在远去的祁连山冰川》，《绿色中国 A 版》2006 年第 7 期。

源水库"的美称。在 2500—3500 米的海拔高度上有着大片
草地和原始森林，以及独具特色的水源涵养林。这些有着调
蓄水源、调节气候、提高水量、保持水土功能的森林位于冰
川水系和"冰源水库"之间，可以说祁连山的气候、环境状
况牵动着河西走廊，甚至我国整个北方地区，她的生态状况
至关重要。

清晨，当太阳刚刚从地平线上露头，大地还在熟睡之
中，祁连雪山就早已流光溢彩了，晶莹剔透的雪峰，好像捧
着一条圣洁的哈达在向客人献礼；中间是一层如同涂了玫瑰
色的裸岩山段；再往下是黑绿色的林带，郁郁葱葱，把祁连
雪山装饰成一幅绚烂的画卷。如果你走进那祁连林间，便会
陶醉留恋。繁茂浓密的灌木丛、极具诗意的山柳、孤傲挺拔
的松柏，青翠欲滴，就连从枝叶间筛下来的日光，都浑然天
成一般，变成了绿色。这时你可以深吸一口林间的空气，这
般感觉如喝了一杯香浓的咖啡，沁人心脾，精神盎然。林间
小溪叮叮咚咚，丛中百鸟叽叽喳喳，各种山花争芳斗妍，真
是流水欢唱，鸟语花香。

对于如此迷人的景象，明代诗人戴弁就曾称颂道："晶
莹山色遥接天，不是云浮玉垒巅。太古千年留积雪，边城一
带拥祁连。晴开远岫明如练，月照高峰白似莲。胜过终南阴
岭秀，霜桥回望耸吟肩。"（《玉山积雪》）可见，"中国西北
亮丽的风景线"这一美誉对于祁连山来说可真是名不虚传！

以祁连山冰川为主要代表，在曾经的数次冰川运动中，
我国西北地区出现了各种形态不一、特征不明的冰川。在裕
固族看来，没有祁连冰川就没有富饶的河西走廊。

库姆塔格、巴丹吉林、腾格里沙漠常年的蒸发量远高于

降水量，如果没有祁连冰川雪峰这仅有的水源，长约 900 公里的河西走廊就要受炎热干旱无情的摧残与折磨。

雪为人们的生息创造了条件，有雪才有水，有水才有草原、森林。森林为经济的发展开拓了光明的前景，草原为各种动物的生存提供了保障。当然，祁连山中生活的裕固族人民对雪有着特别的情感，他们把那可口美味，并有散寒祛风疗效的山鸡称为雪鸡；把那不畏严寒，盛开在严寒之中的山花命名为雪莲；栖息在大约海拔三千米以上偏僻山洞内的雪豹，是唯一出没在高寒山区的猛兽。关于地名，裕固族人们也是以雪来命名的，比如雪玲、雪泉等；给自己的孩子起名也习惯加上雪字，女孩大多叫雪莲、雪琴等，男孩喜欢叫雪松、雪峰等。祁连山的积雪，仿若母亲的乳汁带给万物无限生机。祁连山作为大约 43 条河的发祥地，默默无私地灌溉滋润着河西大地。

中科院寒区旱区工程研究所的专家介绍说，由于高原寒冷气候的影响，祁连山在海拔 4200 米以上的高山地带终年积雪，形成的冰川有 3066 条，面积 2062.72 平方公里。冰川主要分布在祁连山系的大雪山、河西走廊南山、冷龙岭、疏勒南山以及土尔根大板山。[①] 祁连山的冰川覆盖非常广，整个冰川储量比两个三峡水库的储水量还要多，如果说在我国西北广袤的大地上，有座永不干涸的"高山固体水库"常年屹立，那么前提是祁连山的雪线不往上升，冰川不消融。

然而事与愿违，由于气候和人为干预等原因，祁连山的生态状况正在向着前所未有的不利状况转变。

---

① 林泉：《生态危局祁连山》，《生态经济》2007 年第 2 期。

　　祁连山的生态环境其实十分脆弱，它深处内陆，离海洋较远，受众多高山高原阻拦，导致降水量异常稀少，整个地区的平均降水量较少，蒸发量较大，气候干燥。此外自然环境的影响也较大，周边多是沙漠、荒漠、盐碱荒地、戈壁等，再加上阴坡、半阴坡和斑片状森林植被的分布，树种多为青海云杉纯木，这些树种具有结构简单，生长缓慢等特点。灌木植被因受降水、热量等条件制约而生长较慢，个头低矮。如此脆弱的生态系统，需要的是人类的悉心照顾与保护，而不是日益严重的过度开采。

　　近些年，放牧、开荒、伐木、偷猎等人类活动从未停止过，有些地区甚至非常严重。这些过度的人类活动使得森林分布面积逐年缩减，甚至消失。另外，受气候变暖的影响，祁连山的气候环境产生了显著的变化，地表径流减少，雪线上升，冰川消融，土壤干旱度上升，荒漠化悄然来袭。

　　回望祁连，过去积雪皑皑的地方现已不再雪白美丽；湟水河也不像过去那样奔腾汹涌；发源于祁连山，位于青海境内的 40 多条河流也水量骤减。倘若人类活动的影响得不到根本的解决，那么按祁连山平均温度每 2000 年上升 3 摄氏度计算，2000 年后雪线就会从现在的 4400—5100 米上升到4900—5600 米，总体升高 500 米，这个数字更是接近或超过目前祁连山积雪覆盖的总体高度。到那时，祁连山将从"河西生命线"变成"河西死亡线"。祁连山，这个东西延绵一千多公里的广袤地区，其生态气候也注定会产生无法预计的后果。

　　具有无限忧患意识的裕固族诗人铁穆尔对于生态的破坏和祁连山的未来有着更透彻的视野和犀利的观点："无止境

的开垦、庞大而密集的灌溉农业、林木的滥砍滥伐和采矿，引起的是祁连山水源的干涸，雪山雪线的不断上移或消失。而近几年各种文件和汇报材料中，都说是因为牧民的超载放牧（即过度放牧）引起了植被毁灭，导致祁连山地区水源干涸。把所有的责任都推到了几个老实巴交的山里牧民和山羊牦牛身上，世界的荒谬以至于斯。我不知道，人们是装作不懂还是有意而为之，到处都是令人作呕的沉默。"①

　　每当人类带有目的性地靠近自然的时候，自然就会以它的方式给予回击。伟大的祁连山是观测中国北方生态变化最有效的方法，更是裕固族人民兴盛繁荣的保证。然而想象有一天，祁连雪山不再养育我们，美丽的河西走廊还会存在吗？丝绸路上的裕固人民还会传承下去吗？

---

①　铁穆尔：《失我祁连山》，《延安文学》2004 年第 5 期。

第十一章　最早先民羌族

一　羌笛之声

在羌族流传一个这样的神话故事，同样是民间文学家的郑文泽先生在谈到故乡时说过的一个故事。传说在古代有个穷苦青年给头人打长工，有一年头人想赖掉工钱，便出了一个难题，要那个青年人在中秋前捉回一只活的野驴，若是期限内捉不住就要扣全年的工钱。那青年翻越了一座又一座高山，穿过一片又一片森林，找呀找，一连五天连野驴的影子也没见到。他又饿又累，实在爬不动了，倒在一片草地上就睡着了。睡梦中他隐隐约约地听到从远处传来了一阵清脆的笛声。他循声看去，只见一位美丽的少女向他走来，无限同情地对他说：可怜的人啊，你到哪里去找野驴呢？狠毒的头儿早就勒令山神爷把百兽都藏起来了。我把这支笛子给你，它会帮你渡过劫难的。青年一觉醒来，果然见有一支金笛放在身边，于是他起来就吹。那笛声优美动人，像百鸟齐鸣，泉琴叮咚，十分动听，美妙极了。吹着吹着，百兽都不听山神爷的统管了，纷纷向他跑来。于是青年捉了一只最大的野驴回到寨子里。从此，羌笛就作为一种神灵的象征流传于世了。

　　这个故事虽然是神话，但却有一种羌笛济世的完美意义，也暗示着古老羌族人民悲天悯人的情怀。这位美丽的少女真是给羌人带来了一件宝贝，这位神仙姐姐说不定就是木姐珠（羌人崇拜的神仙）呢？

　　羌笛，中国古代很早就有的一种乐器，至于具体出现于何时，说法很多，已经没有详细可靠出处。《中国古代的乐器和乐人》一书认为羌笛最早来源于西域。而国内很多说法倾向于，相传系秦汉时期西北高原游牧的古羌人所发明，至今仍然是羌族最常见和最具特色的乐器①。

> 近世双笛从羌起，羌人伐竹未及己。
> 龙鸣水中不见己，截竹吹之声相似。
> 剡其上孔通洞之，裁以当篴便易持。
> 易京君明识音律，故本四孔加以一。
> 君明所加孔后出，是谓商声五音毕。

　　这是东汉时的器乐大师马融在《长笛赋》中对羌笛做的描述。

　　在汉代以前，羌笛只有四个孔。汉元帝时期，魏郡太守京房（公元前77—前37年，字君明），爱好音律，在羌笛原有的四孔基础上添加了一个"商"孔，发展成五孔，从而使得羌笛能奏全宫、商、角、徵、羽五声。发展到后

---

　　① 罗开富：《来自长征路上的报告》，经济日报出版社1987年版，第306页。

来人们经过改进羌笛慢慢又变成了六孔。并且据《中国古代的乐器和乐人》一书中介绍，京房还是把羌笛化为长笛的第一人。

这位著名的音乐巨匠——京房，曾经把西域传来的羌笛改造而为中国的长笛。他妙解八音器乐，尤精中律，平生极想在音乐上有所建树。

从羌笛到长笛的演变是在京房这里完成的，长笛不仅是现代的重要乐器，还是一种羌笛的变奏曲。羌笛不仅是中华的文化符号，更是一个民族离情别苦的见证。从羌笛到长笛，一方面说明了民族文化的进步；另一方面更是社会经济的发展和华夏民族大融合的体现。羌笛无疑也是这个时代民族文化融合的一座小小的桥梁。

有羌笛的地方，就有日夜思念的呼唤，当戍边战士还在苦苦哀鸣时，羌笛的歌声乘着风的翅膀飞到了亲人的身旁。笛声是寂寞的，但也是嘹亮的，在一个荒漠无垠的边塞，羌笛的魅力十足。这是羌民族最常见的一种音乐乐器，最初的原始羌笛是用鸟腿骨或者羊腿骨制成，主要用于吹奏，同时我们知道古老的羌族是马背上的民族，因而它还用于做放马的马鞭。既是吹奏乐器又是策马的马鞭，故被称为"吹鞭"或"马鞭"。羌笛在羌语中是"其篥"，又称为"士布里"或"帮"，是一种单簧气鸣乐器。管身竹制，由两根长短、粗细一致，孔距、音列相同的竹管并列捆绑扎而成。一般多采用当地高山上生长的油竹来制作。这种竹子不同于以往我们常见的竹子，此竹节长，筒子细，适合发出鸣声。羌笛两头是通的，管长一般为17—19厘米、上端口内径1—2厘米，吹的时候还要在管身上放置一个竹制的簧管作为吹嘴子。演奏时，管身竖起来，口含双吹嘴子，双手置于管身上，指法与如今长笛类似。羌族是一个能歌善舞的民族，民歌悠扬，即兴演唱，情感真挚。用羌笛做主乐器，音色明亮清脆，具有很强的表现力。羌笛用来独奏和歌舞伴奏实在是适合不过了。

从汉武帝开始到后诸朝代连年的征战，羌族原始部落开始四处游散，从现如今的分布来看，主要以四川和陕西两省交界处较多，甘肃南部、云南、贵州等各有一小部分。由此可以推断，羌族的原始部落主要集中在西北和北方地区，后南下迁移，到达西南地区。在这种迁移和分散居住下，羌笛的灵魂也开始游散了，落地生根，变化显著。如今的羌笛以四川阿坝藏羌自治州和四川茂、汶、北川羌族自治县等一带流行较广。笛子本身也有很大变化，笛长也延伸到13—19厘米，管身无节，在管子的首、中、尾部用细线捆扎起来。而在四川岷江上游的羌族地区，这里的羌笛形状如方筷，长15—20厘米，小指一般粗细，是一种六音阶双管，一般用于独奏。羌族人用一种鼓腮换气法吹奏，笛声美妙动听，抒情优雅，是羌族人民在劳动和庆祝节日时常用的音乐形式，也是当地小伙子向心爱的姑娘表情传爱时的表白方式。

"羌笛何须怨杨柳，春风不度玉门关"，羌笛，在唐时已经是一种家喻户晓的音乐圣器，同时也是一种塞外的精神寄托。当然，它承载的更多的是羌族这支古老民族的文化精髓。说到羌笛，我们不能不把目光转到享有这种独特乐器的人身上，探寻羌族这支古老民族的源头。

二　寻找先祖的血脉

　　神话中出现的羌笛，使人们隐隐约约地想探寻古老羌族的由来。这支中国原始的古老民族，历经历史风云变幻的考验，由传说中和进化中跌撞到如今。

　　在中国的甲骨文中，唯一记录的古老民族就是羌族。这是中国部落和族群最早的记录。"羌"字在汉文献中解释为牧羊人，甲骨文中"羌"字形状像羊的头型，因此羊被羌族人奉为神物。羌族人自称为尔玛或日麦，意思是本地人。一般只有最原始的部落民族才有这样的称谓。

　　史书记载古羌人是三苗之后，王应麟在《诗地理考》曰："羌本姜姓，三苗之后，居三危，今叠、宕、松诸州皆羌地。"金履祥《尚书注》说："宕昌羌，即三苗之种。其他有叠州，山多重叠，三苗山有三利，或在其他。"据考古，叠州在今甘肃省临潭县西南，宕州在今甘肃宕昌和舟曲等地，松州在今四川省北部松潘地区，这些地方大都是古三危的范围。由此表明羌族没有自己的姓氏，是从姜姓演化而来。可以说三苗是三危地方的土著原居民，而且三危地方的某些羌人是三苗之种裔，也就暗示了三苗是炎帝族系姜姓人。

　　中华民族第一个王朝是夏朝，建造者是大禹。四川北部的北川县，至今都是羌族这一具有古老民族印记部落聚居的地方，而该县有个禹里乡，据传说是夏朝大禹的故乡。相传禹的母亲在这里喝了山中的泉水后怀孕，生下了大禹。后有学者认为大禹兴起于西羌，华夏第一个王朝——夏朝就是以羌族为主体并与唐、虞两个部落联合在黄河流域形成的一个统一王国。羌人敬畏雪山，形成了崇拜巨石的习俗，他们将大禹的出生地称为石纽。他们认为大禹是自己的先祖，因此从来不在大禹诞生地附近居住放牧。

　　很早就已经有羌族为华夏之族的传说了，若再往前推的话，羌族本姓姜氏，为三苗之后，三苗就是中国上古传说中的黄帝至尧舜禹时代的古族名，又称"苗民"，春秋时期称为"蛮"。说明羌族当之无愧为华夏始族。另据文献记载，早在公元前4世纪末，在岷江上游，已有氐、羌等族的存在。公元前316年，秦惠王派张仪、司马错统一巴蜀后，在岷江上游东岸一带置湔氐。秦末汉初，羌人在这一带农垦和游牧，逐渐定居下来。在汉代以前，从山西、河南向西到西北的青海和帕米尔高原等地都有羌人（如西羌、临羌、婼羌等）的足迹，而向南到西南的四川、云南等高海拔地区也有羌民族（如参狼羌、白狼羌、白马羌、白狗羌、青衣羌、薄中羌等）的身影。在以后长期的民族融合和历史变迁中，尤其是受到战争的摧残，一方面迫使羌族人民从原居住地背井离乡，四处游散，其中主要以南下为主，即在今天的四川岷山和陕西交界的大巴山一带较多。另一方面在民族迁移的途中，羌族划分为若干分支，各分支在与汉族等其他民族融合的过程中，有些逐渐演变和发展为藏羌族和藏缅语系的其他民族，而主要与汉族融合较多。王明珂先生在《羌在汉藏之间》一书中写道：

　　　　20世纪20年代末期，中研院历史语言研究所的黎光明等人，至松潘、汶川一带做民俗调查。他们在调查

报告中提到当地的民族有土民、羌民、猼猓子、西番与
杂谷民族。……他们又指出，西番与土民都是"西藏民
族的一支"，其语言是"西藏话的方言"，只是土民大多
已完全汉化。对于黑水的猼猓子，报告中称"拿他们的
语言、习惯研究起来，绝不敢断定他们和西番、杂谷民
族、羌民是同种"。

民族的融合是中国历史上重要的一笔，汉朝张骞出使西
域之后，伴随丝绸之路的开通，民族融合的速度大为加速。
如果说战争是一个被动的催化剂，那么丝绸商业之路的开通
便是一个主动的民族融合之旅。就好似在一个贫穷落后的地
区，一旦宽敞而又平坦的道路修通了，经济发展便直线飞
速。落后地区的人们都想出门去看看外面的世界，有些民族
就和这些贫困地区的人民一样，既然原先住的地方天天处在
铁马征战中，毫无安全可言，为什么不顺着这条"道路"去
到更适合生存的地方呢？

这样一来，既然民族融合很大部分是由古代中原汉族和
周边民族的战争所致，那么早期居住在山西、河南等中原地
区的羌族迁移到西部或南下便是毫无疑问了。那么居住在新
疆帕米尔高原等西域羌族是如何东进和南下迁移的呢？会不
会是当时西域自然条件恶劣，生存环境艰苦，随着丝绸之路
的开通，他们便顺着这条丝路东进或南下了呢？这已成为历
史上的一个谜。

羌族，在原始古代也可能是北方少数民族的统称，后来
才发展为一个单一的民族部落，这种说法也是不确定的。无
论如何，羌族这支古老的民族的确令人敬仰，从姜姓到羌族

的开始，华夏民族的辉煌之行也开始了，我们一直都说我们
是炎黄子孙，而炎帝姓姜，那么我们如今的中华民族和羌族
的渊源有多深便一目了然了。

三　羌族的信仰

从狭义的角度来说，羌族在今天是作为一个少数民族而
存在。据2000年国家统计，羌族总人口数约为30.6万人。
主要分布在四川省阿坝藏羌自治州、北川羌族自治县、甘孜
藏族自治州、绵阳市，贵州铜仁地区和陕西宁强、略阳等
地。我们可以从这些地区的民间文化来探视羌族古老的
信仰。

宗教在古代封建社会中非常普遍，不管是在民间还是在
上层统治阶层，都有宗教的身影。古代早期生产力水平低
下，人们无法知晓自然界的奥秘，从而一些超自然的力量便
应运而生，宗教在那个时候被神化充当着超自然的力量。在
古代，宗教往往是和信仰联系在一起的，随着社会经济的发
展，宗教和信仰的关系在慢慢地厘清。一般来说，一个有信
仰的民族，其内心都很饱满。羌族是一个古老的民族，早在
原始社会就具有自己民族的图腾崇拜。对万物有灵、灵魂不
灭、尚巫信鬼、自然和祖先崇拜等都深信不疑。

据《汶川县志》记载，羌人"俗信神鬼，山石林木，皆
以神观之。病者请巫师祷告。朔日，巫师常击鼓通神，杀羔
羊以祭天地"。羌族人相信世间万物都有灵性，任何事物的
变化都蕴含着神的旨意，自然的神秘力量足以制约人的思想
和行为，因此崇拜自然和万物有灵是羌人自古就有的信仰习

惯。羌人世代农耕，在长期的生产实践活动中逐渐形成了多神崇拜的原始宗教信仰。佛教、道教、基督教、伊斯兰教等都对羌族有影响。佛教中尤以藏传佛教较显著。

羌族居住之地，山高林密，峡谷幽深。他们在很早的时候过着游牧和狩猎的生活，森林、土地、大山、水、火、日、月、飞禽走兽等与人类生活关系紧密的自然物都是崇拜的对象。伴随而来的是天神、太阳神、地神、山神、树神、火神、水神、羊神等。而天神、山神和羊神最受崇拜。羌族原始宗教奉白石为神物，而白石正是自然界的代表，一切神灵的物种都可以用白石来代表。因此在羌族生活的地方，随处都可见到被供奉的白石。从羌族史诗《木姐珠与斗安珠》和《羌戈大战》中也可以见到崇拜白石神的描述。在近些年茂汶县出土的一些古羌墓中也可以看到古羌人用白石陪葬。据说早年在甘肃寺洼考古遗址中也发现过用大砾石随葬，而那里就是远古时期住在洮河流域的羌人的墓穴。由此可见，羌人对白石的崇拜由来已久。

除了崇拜自然神外，家神也是羌人很崇拜的神，主要指祖先之神。大禹神、灶神、门神、仓神、男神、女神、平安神、管孩子神、玉莫神等都是保佑一家人平平安安、万事兴隆的神。第三个崇拜的神是劳动工艺之神，又称"柱柱神"，有铁匠神、石匠神、木匠神和建筑神等。羌人感恩自然，认为所有的一切都是神仙赐予的，自己的生活和劳动都有神的保护，所以劳动工艺之神也是必供奉的神。

另外还有一个是"寨子神"，又称"地方神"，指的是每一个寨子自己的地方保护神。很多资料显示，各地的图腾崇拜传说不一样，因此地方神也各异，有的是狗神，有的是羊神，还有的是牦牛神等。除此之外，羌族信仰的祭祀神灵也很多，比如木比塔神，羌语直译，意为天神，是掌管各路神仙之神，一般以白石作为木比塔之神；还有木姐珠与斗安珠之神，是羌族的祖先之神，来源于《木姐珠与斗安珠》神话史诗；另外还有阿巴白构神，即羌族著名史诗《羌戈大战》中的首领，后被羌族称为祖先英雄之神，等等。在羌族，伴随着宗教信仰产生的宗教祭祀活动很多，平时生活中的约束和禁忌也不少，祭祀禁忌、产忌、丧忌和生活习俗禁忌等在羌族都有独特的说法，这也是羌族人民从古至今不可或缺的一部分。

从羌人崇拜的各路神灵来看，都与羌族人的生活和劳动息息相关，这也正是原始民族一种朴实的民间宗教信仰的体现。羌族人自然纯朴，相信万物有灵和因果报应，崇尚自然。真实朴素具有民族的不可复制性。随着社会经济的发展，西部大开发的到来，羌族的信仰文化也受到外界的影响，特别是周边汉藏等民族对羌文化的影响尤深，使得羌文化在无形中慢慢地丰富和改变。

第十二章　马背上的鲜卑人

　　1600 多年前，一个从荒远的大兴安岭苍莽丛林中走出来的游猎民族，历经 100 多年不屈不挠的艰苦跋涉、东征西讨和内部纷争，穿过"天苍苍，野茫茫，风吹草低见牛羊"的蒙古大草原，跨越雄伟沧桑的万里长城，实现了由小到大、由弱到强、由游猎到游牧再到农耕的艰辛蜕变。最终统一了黄河流域，建立起中国历史上第一个由少数民族统治的大型皇朝——北魏王朝，开创了一个南北朝对峙的历史新时代。

　　这个传奇而伟大的民族就是：拓跋鲜卑，一个如今早已如江河入海一样在华夏大地上永久消融了的名字。"拓跋"这个带有神秘色彩的姓氏，是鲜卑族所特有的，它的出现有两个不同的美丽传说。

　　相传，上古时代，英勇善战的黄帝娶了四海八荒的奇女子嫘祖，生子昌意。昌意娶蜀山之女昌仆，生高阳氏颛顼。后世对颛顼有至高无上的评价，三皇五帝中也有他的一席之地，他政绩卓越，是位万民诚服的帝王。然而，在这样的光环下，人们往往忽略了昌意的小儿子悃，悃被封在北土（今中国北部地区）。

黄帝以土德之瑞称王。鲜卑族人则谓"土"为"拓"，谓"后"为"跋"，故以"拓跋"为姓，称拓跋氏，意即黄帝土德后代。拓跋姓就是从悃所在的封地流传至今。

拓跋姓的另一个渊源，是从拓跋毛开始的。

据史籍《魏书·序纪》记载，拓跋毛为"远近所推，统国三十六，大姓九十九，威震北方，莫不率服"。所谓统国三十六，大姓九十九，大约都是一个氏族部落联盟中的氏族部落。

一　千古第一后

纵观中国古代历史，不难发现，有很多政绩卓越的女政治家，她们对推动社会的进步做出了巨大贡献，然而，后世对她们的评价也是褒贬不一，吕雉心肠歹毒，慈禧遭后世唾骂，胡太后是分裂北魏的罪魁祸首，可有一位女性却得到后世一致赞扬，她就是冯太后。她不仅维护了中国北方的统一，而且做了制度创新，并被隋、唐所继承。

冯太后（公元441—490年），汉族，长乐信都人（今河北省冀州市冀州镇岳良村人），公元477年至公元490年年间一系列改革的实际主持者。

她本是官宦之女，因罪充公为奴。公元452年，被选为北魏文成帝的贵人，公元456年被立为皇后。公元465年北魏献文帝即位，被尊为皇太后。太后临朝辅政，定策诛杀丞相乙浑，而后归政献文帝。公元476年献文帝病死，再度临朝称制达14年。公元490年去世，享年49岁，谥号文明皇后，或是加上文成帝的谥号"文成"二字，称文成文明皇后。

承明元年（公元476年）冯太后毒死献文帝，临朝称制达14年。她聪明果决，猜忌而长于权术，以重管、重罚驾驭群臣，使其为己所用。

北魏在早期，百官原无俸禄，靠着对外的不断征战而获得赏赐。但是随着拓跋焘统一北方，以及击破柔然之后，北魏的战事逐渐变少。到了冯太后称制时，开始制定俸禄。太和八年定每户增调帛三匹、谷二斛九斗，充百官俸禄。称为"班禄"。班禄以后，贪赃满一匹者处死。规定地方守宰任期按"治绩"好坏为定，不拘年限。

太和九年（公元485年）采纳给事中李安世建议，实行均田制，使农民附着于土地，劳力得以利用，荒田得以垦辟。北魏原来没有户籍制度，由宗主管理户口，称宗主督护制。因此宗主荫庇人口甚多，往往三五十家合为一户。在九品混通制之下，赋役负担不匀，政府收入也受影响。太和九年或十年初，李冲建议，仿古制立党、里、邻三长，用以代替宗主督护的统治。定民户籍，按户征发调役，当时反对李冲建议者很多，冯太后力排众议，认为立三长则荫庇的户口可以检出，课调可有常准，决定实行。结果不仅北魏本土见效，同南朝归于北魏的淮北州郡户口，几十年间也比属南朝时大见增长。冯太后主持制定的三长制、均田制和新的租调制三者配合实行，为孝文帝迁洛以后的繁荣富庶打下了基础。

《北史》本传说："后胜聪达，自入宫掖，粗学书计。及登尊极，省决万机。"又说："自太后临朝听政，孝文（帝）雅性孝谨，不欲参决，事无世细，一禀于太后。"历史上著名的"孝文帝改革"，其前期，实际上是在冯太后的主持下进行的，并取得了巨大的成就。

这次改革的主要内容，是实现了均田制、三长制和新户调制。改革开始于太和八年（公元484年），次年，诏曰："今遣使者，循行洲郡，与牧守均给天下之田，还授以生死为断……"（《魏书》卷七《高祖纪》），并规定了授田的具体办法，此为均田制。第二年，冯太后又接受了李冲的建议，"初立党、里、邻三长，定民户籍"。（《魏书》卷七《高祖纪》）是为三长制，"一夫一妻一匹（麻布之乡为一匹），粟二石"。改革减轻了对人民的剥削。

均田制的实行具有很大进步意义。第一，它对中原地区社会秩序的稳定和经济恢复起了重大的作用。北方自战乱以来，广大人民流离失所，经济遭到严重破坏，大量耕地集中到国家手里。均田制的实行，虽使鲜卑贵族和汉族世家大地主从中得到了最大的利益，但也使许多无地、少地的农民得到了一块土地，生产资料和生产重新结合起来，推动了生产的发展。"当时百姓殷阜，年登谷乐，鳏寡不闻鸡之食，茕独不见牛马衣。"（《洛阳伽蓝记》卷四）第二，强化了北魏政权。由于长期战乱，北方人口大量流入私门，依附豪强，成为世家大族的荫庇户。史称："旧无三长，惟立宗主都护，所以民多隐冒，五十、三十家方为一户。"（《魏书》卷五十三《李冲传》）国家授给农民土地，并减轻租税，同时又造新户籍，强化了地方基层政权，利用政府力量检括隐户，取得了与豪强大族争夺劳动力的胜利。结果，国家控制的自耕农大大增加，税源和赋源有了保障。

冯太后执政期间，努力推行民族融合政策，重用汉人。

始临朝时，即"引中书令高允、中书侍郎高闾及贾秀共参大政"。(《通鉴》卷一百三十一宋明帝泰始二年）她所尊礼的游民根，是北魏一带的宗师，她所宠信的李冲是著名的政治家。这些人在促进北魏政治、经济发展方面，起了重大的作用。冯太后两次修改法律，减轻刑罚，使北魏法律更加完善。太和七年（公元483年），她下诏禁止鲜卑人同姓为婚，改革鲜卑人部落的生活习俗，这可说是其后"孝文帝改革"的先声。

北魏孝文帝由冯太后躬亲抚养大，她很重视对孝文帝的汉文化教育，这对后来孝文帝坚持推行改革起到了重大的作用。

冯太后在生活上很俭朴，《北史》本传说她"性俭素，不好华饰，躬御缦缯而已。宰人上膳，案笃尺，差膳滋味，减于故事十之八"。对于死后丧事，也预作遗命，一切从简。

当然，冯太后并非无短处。《北史》本传记载，她"多智，猜忌，能行大事，杀戮赏罚，决不俄壑、李冲等人，往往不次超升，赏赐巨万。她与献文帝不和，竟把献文帝毒死，又自以过失，惧人议己，小有疑忌，便见诛戮"。但这些问题并不是冯太后一生的主要方面。其主要方面就在于，由她主持而进行的政治、社会改革，推动了中原地区社会经济的恢复、发展，促进了北方民族的融合。

二 妙计迁都

都城迁移对一个朝代来说，是举足轻重的大事，但北魏孝文帝拓跋宏的迁都，似乎显得不那么隆重、庄严，不但如此还令人有种啼笑皆非的感觉。

　　一天，他召集百官，声称要调集大军，南征南齐。此议一出，百官发愣，北魏攻南齐，岂不是鸡蛋碰石头？

　　第一个站出来反对的是拓跋宏的叔叔任城王拓跋澄。可拓跋宏对叔叔一点也不客气，怒道："国家是朕的国家，朕想干什么就干什么。任城王反对南征，你是要动摇军心吗？"拓跋澄胆子倒也不小，反驳道："国家固然是陛下的国家，但我是国家的大臣，明知南征有危险，怎能闭口不说话？"

　　朝会不欢而散。事后，拓跋宏召拓跋澄入宫密议，讲了真心话。他说："叔叔真以为我要南征南齐吗？才不是呢！实话告诉你吧，我是想迁都。平城地理偏僻，沙多风大，不宜做都城，要想与江南抗衡，作长治久安之策，只有迁都洛阳，借助中原的优势。所以，我想以用兵南征之名，行移众迁都之实。此举还望叔叔大力支持。"拓跋澄见侄儿皇帝对自己推心置腹，且深思熟虑，高瞻远瞩，打心眼里高兴，当即表示支持迁都大计。

　　拓跋宏再次召集百官计议南征事宜，拓跋澄不反对了，其他人也就无话可说了。

　　公元493年10月，洛阳连日阴雨。在皇帝拓跋宏的号召下，从平城浩浩荡荡一路南下攻打南朝的30万军队，来到洛阳时筋疲力尽，疲惫不堪。但孝文帝仍然"戎服执鞭，御马而出"，下诏六军出师。

　　于是，最具戏剧化的一刻出现了，群臣都跪倒在马前，请求停止南伐这样不靠谱的事情，而皇帝立刻摆出一副"大怒"的面孔，呵斥这些"儒生"，屡次猜疑他的"大计"，并且声言要斧钺伺候，令他们噤声。此时，他的两位重臣，安定王拓跋休和任城王拓跋澄一起"殷勤泣谏"——在某些文学化的描述中，皇帝的马蹄突然扬起，将拓跋休踢进了泥水里。两位皇亲重臣的哭谏终于使皇帝停下战马，但接下来，孝文帝突然对着群臣发表了一通面谕，说："朕要统一天下，卿等却屡次阻挠大计。你们三番五次地反对我，难道不怕获罪吗？"说罢催马扬鞭，又欲前进。有个鲜卑族元老不怕获罪，跪在地上一把鼻涕，一把眼泪，哀求皇帝千万不要南征。拓跋宏见时机成熟，便改换脸色，用缓和的语气说："这次南征，兴师动众，不可劳而无功，让人笑话。朕意已决，不南征，便迁都，你们同意吗？"停了一会儿，他把手一挥，说："这么着吧，赞成迁都的站在左边，不赞成的站在右边！"

一通"面谕"，就将南征变成了迁都，这也太戏剧性了。皇帝甚至慷慨地让刚刚跪地哭谏的群臣自由选择，"欲迁者左，不欲者右"。但是，他们必须在仓促之间做出决定，反悔的机会已经被剥夺了。除了皇帝的叔祖拓跋休等人站在右边表示不愿赞同以外，其他人都站在了左边，迁都就这样如同一场独幕戏一般完成了。

众人原先多是反对迁都的，但要在南征和迁都两件事中做出抉择，自然愿意避重就轻，倾向后者。迁都这出戏演得很巧妙很成功。30万大军在洛阳停了下来，迁都成了定局。拓跋宏非常兴奋，进一步推行改革，让鲜卑族人改穿汉服，学说汉语、改姓汉姓。皇室原姓拓跋，改姓元。鼓励鲜卑族同汉族通婚，拓跋宏带头娶了4个汉族女子为妃。这样一来，促进了民族大融合，没过几年，北魏果真繁盛起来，国力大大加强了。

　　实际上，仔细回想这个故事远没有如此简单，言辞举止中处处充满杀机，只消仔细回味孝文帝的面谕，便能感觉到那种出自帝王独断意志的不可违逆的威胁。皇帝在称引祖先迁移故事时，特意用了"违众南迁"这四个字，其意明白无误——先前的每一次迁都皆是违背众议的结果，但最终的结果却"享无穷之美"。

三　拓跋宏的中国梦

　　对于历史上任何一个闯入并扎根于农耕文化圈的游牧民族来说，接受同化便是他们的终极命运。不过，在同化的程度和方式上仍存在多种选择，北魏孝文帝选择了全面彻底地融入中原汉族文明，为此受到损害的只是他们的祖先，而受益的是他们的子孙后代乃至整个汉族文化圈。

　　自秦始皇一统以来，中国唯一一次有可能出现南北永久性分裂的时期就是南北朝时期，南北不但地理阻隔、统治民族不同，甚至在风俗思想等方面也一度走得越来越远。但北魏孝文帝消弭了这一切，汉化之后，南北政权之间只剩下地理的阻隔，统一又成为历史的必然。但北魏孝文帝的"全盘汉化"使一个古老而且人数众多的民族——鲜卑族，作为一个独特的文化整体，在近百年后消亡了。对北魏孝文帝改革的文化学方面的争论，不会影响他作为一个改变了人类文明分布面貌的明君载入史册。

　　拓跋宏对于汉文化极其羡慕，他亲政后，排除阻力，大刀阔斧地在北魏进行了很多改革，史称"孝文帝改革"，其文化改革措施之一，就是严令鲜卑族官僚改说汉话。

《资治通鉴》卷一百四十记载，公元495年，拓跋宏要求全体北魏官员必须说汉语，30岁以上的官员，因为"习性已久"，可以慢慢学习汉语，不限时间。但是，30岁以下的官员，必须立即学会汉语，如果有人胆敢不学汉话，还故意说鲜卑话，就降职处分。

这个命令在当时严格执行，让北魏一些"守旧派"非常震惊。后来，为了进一步督促北魏的官员学习汉话，朝廷接连下发诏书："不得在朝廷之上说北方鲜卑话，违反者，立即撤职！"这样一来，官员们不得不强化汉语学习，形成了学汉话的高潮。因为不会说汉话，就不能在朝廷当官。

历史上，拓跋宏其人自身就非常好学，堪为百官的学习楷模，他"好读书，手不释卷"，即使是坐在轿子里，行军骑在马背上，都不忘记背诵经书文章、讲经论道。而且，他的文章写得非常好，很多诏书、命令都是他亲自撰写的，是个文采斐然的"多面手"皇帝。更值得一提的是，他亲政以后，勤于为政，着力改革，国力极大增强，北魏快速成为北方强国。

到了隋唐时代，匈奴、羯、氐、羌、丁零、乌桓、鲜卑等族诸名称，终于成为历史上的名词，在当时再也没有它们的活动可以记录下来了，也就是说，经过十六国南北朝将近三百年的时间，这时它们已经完全融合在作为统一国家中主体部族的汉部族里了。这一民族大融合，固然经历了长期的痛苦历程，但是由于汉族接受了新的成分，因此在经济上、文化上，不但没有衰落，而且比之以前更加兴盛起来。中国历史上空前强盛的隋唐封建国家，就是在这种民族大融合的基础上形成发展起来的。

拓跋宏，是一个极其开明的拓跋鲜卑帝王，他看到先进而强大的汉民族是其民族、国家振兴发展的希望，便迁都洛阳，推行改革，令鲜卑所统110姓，改复姓为汉族单姓，与汉人通婚，改穿胡服为汉服，并率先将拓跋氏改为元氏。于是数十代生息繁衍于大兴安岭密林深处，后南迁呼伦贝尔大草原，进阴山云中大漠，越万里长城，跨九曲黄河，以马上劲旅逐鹿中原的一代英雄民族——鲜卑族，便逐渐在历史上消失了，与汉民族等融合为今天的中华民族。

四　北魏书法

北魏是魏书大发展的时代，典型隶书经历了两汉、曹魏、晋的形成、发展、繁荣、衰退，已完成一个周期，通俗隶书则不断成长，向楷书过渡，逐渐取代典型隶书，成为书坛主角。这既是书法自身成长规律的必然，也与北魏王朝在北方的统一有关。

拓跋珪于皇始元年（公元386年）称帝，其建朝之始，即其汉化历程之始。初"建台省置百官，封拜公侯、将军、刺史、太守，尚书郎以下悉用文人"，以经略中原。天兴元年（公元398年）迁都平城后，又"令五经群书各置博士，增国子太学生员三千人"，"集博士儒生，比众经文字"，编定《众文经》，并且下《辛亥诏》："诏尚书吏部郎中邓渊典官制，立爵品，定律吕，协音乐；仪曹郎中董谧撰郊庙、社稷、朝觐、飨宴之仪；三公郎中王德定律令，申科；太史令晁崇造浑仪，考天象；吏部尚书崔玄伯总而裁之。"

公元426年，"起太学于城东，祀孔子，以颜渊配"。北魏前期的汉化过程，是统治阶级上层积极推行的结果，与部落贵族向皇权政治转变的趋势相伴，与国家体制的封建化过程同步。太和十八年（公元494年），北魏孝文帝拓跋宏迁都洛阳后，进行了大刀阔斧的汉化改制，其主要内容有：第一，改穿汉服；第二，讲汉话；第三，改汉姓；第四，与汉人通婚等。孝文帝的汉化政策加速了鲜卑贵族向汉人士族的转化。当时取士的标准也重视门户出身，以清河崔氏、陇西李氏、荥阳郑氏、范阳卢氏最受重视。值得我们注意的是崔、卢两家对北朝书法的影响。

崔、卢两家书法的传承情况，《魏书》有明确记载，卷二十四《崔玄伯传》："玄伯祖悦与范阳卢谌，并以博艺著名。谌法钟繇，悦法卫，而俱习索靖之草，皆尽其妙。谌传子偃，偃传子邈；悦传子潜，潜传玄伯。世不替业。故魏初重崔、卢之书。"

卷四十七《卢渊传》："初，谌父志法钟繇书，传世累业，世有能名。至邈以上，兼善草迹。渊习家法，代京宫殿多渊所题。白马公崔玄伯亦善书，世传卫体。魏初工书者，崔卢二门。"

据此两则史料，排列出崔、卢两家书法传成世系：崔悦—崔潜—崔玄伯—崔浩（师卫派）；卢志—卢谌—卢偃—卢邈—卢玄（师钟派）。大量遗留书迹表明，当时北方的书风是以汉魏书法传统为主脉，是西晋书风的延续。北魏初期，崔浩即以"工书"而"给事秘书"，并被太祖（拓跋珪）"常置左右"。足见其在北方的影响。

因此，北魏时期的平城书风，用笔朴拙，多取横势（源于隶势），与其书风来源相关。迁都洛阳之后，新体渐行，用笔方笔符号增多，字势取斜紧，内收外放，已较平城时期妍美。但与后世（特别是中唐颜鲁公以后）成熟楷书相较，提按笔法仍处于形成阶段，则点画相对峻厚，气象相对浑穆（用康有为语）。通过对不同时代、不同书体的笔法分析，从点画的不同形态之表象中，可抽取出笔法演进的本质规律：篆书以平动笔法为典型特征；隶书以绞转笔法为典型特征；楷书以提按笔法为典型特征。魏书由通俗隶书成长而来，向成熟楷书过渡，处于楷书提按笔法形成期，因此，自然打上了时代书风峻厚苍劲之特征。

另外，书法类型间的相互作用也影响魏书的发展。尽管魏书逐渐取代隶书，唱起"主角"，但北朝书坛仍然并存着篆、隶、行、草诸体，书法环境空前活跃，也空前复杂。类型无时无刻不在与其他类型发生关系。具体表现为各种类型相互影响、相互制约、相互促进的关系，其实质是类型之间各种能量的"流入"和"流出"。

魏书一方面完善自身，沿着楷书提按笔法向前演进；另一方面，不可避免地受到篆、隶、行等其他书法类型的影响。

康有为对魏书偏爱有加，曾说："魏碑无不佳者，虽穷乡儿女造像，而骨血峻宕，拙厚中皆有异态，构字亦紧密非常，岂与晋世皆当书之会邪，何其工也？譬江、汉游女之风诗，汉、魏儿童之谣谚，自能后世学者所不能为者，故能择魏世造像记学之，已自能书矣。"

从雅化角度看，穷乡儿女造像显然粗陋，亦因此在形态特征上表现出康氏所推崇的结构天成、血肉丰美。所以康有为对魏碑的钟爱是其审美趣味所致，而北魏书风的特点亦是从隶书到楷书发展的结果，所谓"适当其时也"。

五　开凿佛窟

云冈和龙门，这两座世界级瑰宝的石窟群，让我认识了拓跋鲜卑，是它们引领我在历史的烟云中，搜寻北魏王朝逝去的身影，追溯一千多年前，由那个充满激情、狂想和宗教信仰的民族所创造的灿烂历史和文化艺术。

云冈石窟，位于北魏王朝的首都平城——现今山西省大同市西郊的武州山南麓，整个石窟依山开凿，坐北朝南，从东到西有一公里长。作为北魏王朝的国家工程，石窟规模宏大，气势恢宏。

走在那条起伏蜿蜒的石窟群走廊上，举目望去，千米长的山崖布满了大大小小的洞窟及佛像，尽管千年的风化雨蚀及曾经的人为破坏使得大部分雕像严重破损，但依稀可见当年流光溢彩、万佛生辉的壮丽景象。

走进一个个高大开阔、风格各异的石窟，仿佛进入了一座座尘封的佛教艺术博物馆，难怪西方美术史家将古印度的犍陀罗、阿富汗的巴米扬和中国的云冈石窟并称为"东方佛教艺术的三大瑰宝"。密密麻麻遍布洞窟的石雕中，有神态各异、栩栩如生的各种人物形象，如佛、菩萨、弟子和护法诸天等；有风格古朴、形制多样的仿木构建筑物；有主题突出、刀法娴熟的佛传浮雕故事；有构图繁复、优美精致的装饰纹图；还雕有排箫、琵琶及各式各样叫不上名字的古代乐器，等等，丰富多彩，琳琅满目。

云冈石窟开凿于公元460年，到公元524年建成历时60

多年。随着雕刻时间的不同,石窟造像的风格亦各有特色:或气势磅礴、浑厚、纯朴,或繁荣华丽、典雅祥和,或自然内敛、沉静淡然。

在雕造技艺上,自由开放的北魏人既继承和发展了秦汉时代中华民族雕刻艺术的优秀传统,同时也吸取和融合了古印度犍陀罗艺术的精华养分,使得云冈石窟独树一帜,以题材丰富、雕刻精美而著称于世。

尤其是当你踏上大佛寺的石阶,进入山门,穿过两座巍峨高耸、古朴庄严的木质阁楼,走进深藏其后的第五窟和第六窟,一定会被眼前所出现的一切所震慑!你会空前地明白了什么叫作"美轮美奂"!在那无数个大大小小、历经千年岁月依然鲜活完好、熠熠生辉的精美石雕包围中,你会强烈意识到:有时候语言是多么的苍白无力!可惜的是这两个窟室禁止拍照,只有通过眼睛将那份旷世的美印在心底!

真的难以想象,拓跋鲜卑,一个从迁徙苦旅、戎马刀光中走来的游牧民族,何以具有如此高尚的审美水准、丰富神奇的艺术构思,以及精湛高超的创造力?

更为珍贵的是,勇敢智慧、不拘一格的鲜卑人,在创造云冈石窟这朵永不衰败的艺术奇葩的同时,亦将自己的生命、信念、激情连同世俗生活、宗教信仰、政治抱负统统凿进了石雕中,突出反映在"昙曜五窟"及中期的一些石窟中,几乎每个洞窟背后都有一段真实的政治背景和鲜活的世俗故事,每个大佛的姿容下都隐含着一位北魏君王的身影。

公元493年,在雄心勃勃的孝文帝拓跋宏开疆拓土的梦想驱使下,北魏王朝在云冈大佛的深情注视下,迁都洛阳。

在洛阳，拓跋鲜卑人利用中原更优越的自然环境，继续创造着人间奇迹。在山明水秀的伊阙河畔那片山石上，拉开了佛教石窟艺术史上的另一朵奇葩——龙门石窟的开凿大幕。

龙门石窟的雕凿断断续续持续了 400 年，先后经历了北魏、东魏、西魏、北齐、北周、隋、唐和北宋等朝代。然而在龙门的所有洞窟中，早期由拓跋北魏所建的洞窟占大约 30%，后来唐代所建占 60%，其他朝代仅占 10% 左右。

北魏在龙门石窟雕凿的众多洞窟中，以古阳洞、宾阳中洞和莲花洞、石窟寺这几个洞窟最为经典，富有代表意义。在雕凿风格上，随着民族的迅速汉化，鲜卑人一改云冈石窟造像粗犷、威严、雄健的特征，趋向活泼、清秀、温和，生活气息逐渐变浓。雕像造型也开始圆滑细致，呈现出汉族文化特有的审美特征。

然而，无论是在云冈还是龙门，你都可以清楚地看到，那些诞生在鲜卑人斧凿之下的佛像，一律眉眼开阔，嘴角微翘，给人一种自信且安详的感觉。这是否象征着拓跋鲜卑的民族精神呢？

透过云冈与龙门石窟这两朵并蒂奇葩，我仿佛望见一千年前的拓跋鲜卑——那个可歌可泣的游牧民族，含着自豪的微笑，揣着驰骋天下的荣光，欣然融入了中华的土壤。

拓跋鲜卑，在浩瀚的岁月里消逝了自己，却将民族的喜怒哀乐、尊严和信仰、热情与梦想以无比璀璨的艺术形式永远镌刻在那些不朽的山崖上。

第十三章　消失的古族——戎族

一　戎,是一个民族吗?

　　一袭白衣,几缕白发,千万丝忧愁,在历史的深林中,他的身影越走越远。他是谁?是那个辅助汉高祖创天下,定三秦,破项籍的戎赐吗?是视姓如命而拒绝了一门亲事的戎昱?是那个效率上户,以1.7万余斤米粮救众民于水火之中的平江知府戎益?是那个说"叔与父同气,不孝敬叔,如同不孝敬我父也"的戎宪?还是那个一身清廉、为民申冤的清官戎洵?如今流淌着戎氏血液的人们究竟是不是已经消失了的戎族的后裔呢?戎族,这个在历史的前进过程中销声匿迹的氏族究竟饱含着怎样的征战与迁徙、荣耀与血泪?戎族,这个曾经荣耀于世的氏族,这个曾经与东夷、南蛮、北狄并称的氏族,这个曾经只在古代的历史文献中偶尔与读者邂逅的氏族,是以另外一种身份生存于世还是走向了彻底的消亡?

　　古老的传说只能描绘出它在历史的长河所折射的光影中的一个剪影,而对这个神秘氏族的一千句发问都不能完整地揭露出它从兴盛到衰亡的那段漫长的历史。如今我们也只能凭借历史文献的只言片语，氏族遗留下来的残瓦碎片，以及文人墨客对历史的不断追寻，在强烈的心声呐喊下开启戎族厚重的历史记忆。

1. 前世的追问：戎来自哪里？

> 中国，夷、蛮、戎、狄。皆有安居，和味、宜服、利用、备器，五方之民，言语不通，嗜欲不同，达其志，通其欲。
>
> ——《尔雅·释地》

我国古代的民族概念中最主要的是"族类"。殷墟出土的甲骨文中，夷（尸）、狄、戎、蛮等字曾像新生的婴儿般获得了万千目光的关注。《尚书·舜典》："柔远能迩……蛮夷率服"；《尚书·武成》："华夏蛮貊，罔不率俾"；《国语·周语上》："夷蛮要服，戎狄荒服"；《诗·大雅·抑》："用戎戎作，用遏蛮方。"文献中所称的蛮、夷、戎、狄在开始只是笼统的概念，是华夏族对周边与自己相异的族类的一种泛称。当时华夏族的威力统摄四方，因此以华夏族为中心来划分东西南北。不同的民族被按照方位来划分为南蛮，西戎，北狄，东夷。因此在文献记载中，华夏族称四方的民族为夷、蛮、狄、戎，这个称呼当时没有高低优劣之分，更没有歧视的含义。

费孝通先生曾说："一个民族总是要强调一些有别于其他民族的风俗习惯、生活方式上的特点，赋予强烈的感情，把它升华为代表本民族的标识。"① 在此，民俗习惯成为区分不同民族的标准之一。《礼记·王制》中便记载道："中国戎夷，五方之民，皆有性也，不可推移。东方曰夷，被发文身，有不火食者矣；南方曰蛮，雕题交趾，有不火食者矣；西方曰戎，被发衣皮，有不粒食者矣；北方曰狄，衣羽毛，穴居，有不粒食者矣。"②

然而春秋战国时期，持续不断的内乱扰乱了正常的生活，纷飞的战火点燃了诸夏各国的焦虑。在民族感与危机感双重叠加的年代，在民族区分日益得到加强和重视的年代，蛮夷戎狄渐渐成了少数民族，进而受到排斥与歧视："戎，禽兽也；狄，豺狼也。"

最早提到"西戎"一词的是《竹书纪年》，此后的商王祖甲"征西戎"，周幽王被犬戎所灭等历史事迹都有详尽的描述。《尔雅·释地》中说道："九夷、八狄、七戎、六蛮，谓之四海。"不同时期，戎的分类也不同。"殷周时有鬼戎、西戎等；春秋时，戎分为7种，有己氏之戎、北戎、允姓之戎、伊洛之戎、犬戎、骊戎、戎蛮等；秦国西北有狄獂之戎、义渠之戎、大荔之戎等；战国时，晋北有林胡、楼烦之戎，燕北有山戎，各分居山谷。"③

戎族拥有众多部落，他们的生活方式也与中原人不同。《左传·襄公十四年》中记载："我诸戎饮食、衣服，不与华

---

① 刘仲华：《春秋战国时期民族识别的实质》，《西北民族学院学报》（哲学社会科学版·汉文）1997年第9期。

② 丘菊贤、杨东晨：《西戎简论》，《西北民族大学学报》（哲学社会科学版）1989年第12期。

③ 宋蕾、刘兵：《消失的部族——戎族》，《百科知识》2009年3月。

同，货币不通，言语不达。"戎，这个西北方强大的族群，
这个两千多年前骁勇善战的民族，这个保持有自己的饮食习
惯、穿衣搭配风格的民族究竟源自哪里？它是否是单一的
民族？

在这些巨大的问号之下，残存的历史引发了无数人的猜
测与探究。近代的王国维将戎族的谱系归纳为：荤粥（夏
朝）—鬼方（商朝）—猃狁（周）—戎狄（春秋）—胡、
匈奴（战国）。第二种观点是认为"戎"来自羌族。《国
语·周语上》载："三十九年，战于千亩，王师败绩于姜氏
之戎。"许慎的《说文》中以羌"为西戎牧羊人"；应劭
《风俗通义》中认为"羌，本西戎卑贱者也"；江应梁《中
国民族史》认为西周时，"西戎主要是指分布于西部的羌
族"。还有学者认为，"戎"不是一个独立的民族，而是商周
之际，华夏族对西部各少数部族的总称，同"东夷""北
狄""南蛮"并举，称为"西戎"。

其实，当时的华夏族与蛮、夷、狄、戎并没有严格的地
域区分，丰富的地理形态，错落有致的山林与平原，为华夏
与蛮、夷、戎、狄的杂处和聚居提供了有利的条件。而杂居
和聚居也让血缘关系难以区分。《孟子·离娄下》中所描述
的舜是"东夷之人"，文王是"西夷之人"；而陆贾则认为
"文王出于东夷，大禹出于西羌"。与此同时，不同民族之间
的通婚也进一步破除了各民族血缘关系上的界限。周襄王曾
迎娶狄后；齐桓公的夫人之一徐姬属于夷人；《左传》中记
载晋献公"娶二女于戎，大戎生重耳，小戎生夷吾"。古人
用和亲通婚的方式强调了华夷一家，孔子说"居处恭，执子
教，与人忠，虽之夷狄，不可弃也"；《公羊传》中"中国

亦新夷狄也"真实反映了这一点。

当学界对戎族的来源争论不休的时候，历史记载中的"戎"姓的来源也成了人们谈论的话题。然而争论了如此之多，戎族，这个引发了无数人联想与探究的民族，这个承受了如此之多的疑问与猜忌的民族，这个只留下历史的碎片而将自己的全貌裹挟起来的民族，这个等待了两千多年的氏族，依旧没有得到一个确切的答复。

戎，你究竟源自何处？

2. 远行的历史：迁徙之路

> 绵绵瓜瓞，民之初生，自土沮漆。古公亶父，陶复陶穴，未有室家。古公亶父，来朝走马，率西水浒，至于岐下。爰及姜女，聿来胥宇。周原膴膴，堇荼如饴。爰始爰谋，爰契我龟，曰止曰时，筑室于兹。
>
> ——《诗经·大雅·绵》

诗中所记载的正是周穆王时期古公亶父伐戎之后人们对他的赞颂，从那之后戎族开始了自己的第一次迁徙。同样也正是古公促成了周国从衰弱到强盛这一转变。

戎族所居的陇东泾河流域，殷商时是周人所居住的地方。《史记·周本记》载："公刘卒，子庆节立，国于豳。"《正义》引《括地志》云："豳州新平县即汉漆县，《诗》豳国，公刘所邑之地也。"汉代的漆县，唐代的新平，即今陕西彬县。后来在泾河流域考古发掘出的大量先周文化遗址，有力地证明了周人先祖所属的豳地就在这一带。从公刘到古公亶父，历经九代，然而这期间却时常遭到戎狄的侵扰，为了摆脱这种局面，古公亶父率领周族从豳地一路迁徙到岐下，又开辟了新的领地，他们在陕西岐山之南的周原居住了下来，那里算作他们新的王室的开端，新的生活的起点，并且摒弃了较为粗鲁的戎狄风气，建立了中国历史上奴隶制国家的最后一个王朝——周。

豳地被戎族所侵占，"其后百有余岁，周西伯昌伐畎夷氏。后十有余年，武王伐纣而营雒邑，复居于酆鄗，放逐戎夷泾、洛之北"，文中所称的"戎夷"指的是"犬戎"，在后来的年月里，雄心不减的戎族仍然不断侵扰周，他们的一举一动威胁着周的统治，于是才有了后来的穆王"西征伐戎"。《后汉书·西羌传》记载："王乃西征犬戎，获其五王……王遂迁戎于太原。"

这是戎族的第一次向东迁徙，迁徙到这里的戎，与猃狁等聚居，并逐渐向北、向东、向南迁徙扩散。这次被迫的迁徙其实客观上扩大了戎的活动范围。戎的迁入地太原是周统治较为薄弱的地区，同时也是重要的农业耕作区，因此，也正是在不断进步的农业技术与优越的地理条件的双重支撑下，戎族随后的势力大大增加。

第二次迁徙：

周幽王统治时期，王室力量已经大大减弱，西部游牧部族西戎经常对其侵扰，因此周室的安危成为当时最重要的任务，为此各地建立了近20座烽火台，焚烟以召各诸侯前来救援。然而那时周幽王纵情酒色，他可以满足褒姒的任何要求，于是他废除了申后的儿子宜臼的太子之位，立褒姒的儿子为太子。宜臼逃到了申，周幽王便讨伐申。烽火戏诸侯之后，申侯见时机已到，便与戎联合作战，终于在骊山之下将周幽王杀死。之后宜臼被拥立为天子，即周平王。而戎族依旧没有放过任何可以攻打周的机会。国库空虚，土地被掠，宫殿被毁，连年的烽火让周平王忧心忡忡，最终还是放弃了这片疆土选择了向东迁徙。随后戎"遂去周之焦获，而居于泾渭之间，侵暴中国"。戎掌控了关中的中心地区。

周平王东迁以后，感觉到来自戎的威胁并未减弱，于是想利用秦的势力驱逐戎，便对秦王说："戎无道，侵夺我岐、丰之地，秦能攻逐戎，即有其地。"戎不仅占领了渭河以北，而且还拥有了丰水及西部的岐地。这部分戎人中，既有迁徙至太原的那部分戎，也有从西北迁来的戎，尤其犬戎起了重要作用。迁徙之后，戎的势力随西周进入中原地区，到了平王末年，甚至出现了"周遂陵迟，戎逼诸夏"的局面。

周平王东迁洛邑，是周朝王室历史性的转折点。周朝东迁后原地盘被其他国家大肆侵占，只剩下伊洛河地区——洛阳为中心方圆不到 600 里的区域。王室力量衰竭，各国争霸，历史也在这一刻为周朝深深缅怀。

第三次迁徙：

晋惠公时期活动于瓜州一带的允姓之戎因受到秦的排挤与兼并，于是一支庞大的队伍开始了自己的东迁之路。茫茫大军的东行之路注定坎坷与孤独，于是，有的人便在这条路上安家，有的人继续前行，以后的允姓之戎便逐渐分成几支部落，散居各地。晋惠公则将其诱入晋国境内，一部分安置于晋的"南鄙"称为姜戎。《左传》襄公十四年云："将执戎子驹支。范宣子亲数诸朝，曰：'来，姜戎氏！昔秦人迫逐乃祖吾离于瓜州，乃祖吾离被苫盖，蒙荆棘，以来归我先君。……'对曰：'……惠公蠲其大德，谓我诸戎是四岳之裔胄也，毋是翦弃。赐我南鄙之田，狐狸所居，豺狼所嗥……'"

陆浑之戎是瓜州之戎的一支，居于伊川称作阴戎。《左传》中的伊洛之戎、陆浑之戎、九州之戎、阴地之戎，都指的是由瓜州东迁而来的姜氏之戎：

> 初，平王之东迁也，辛有适伊川，见被发而祭于野者，曰："不及百年，此其戎乎！其礼先亡矣。"秋，秦、晋迁陆浑之戎于伊川。
>
> ——《左传·僖公二十二年》

另外一支是卢戎。王昌龄的《箜篌引》中"卢溪郡南夜泊舟，夜闻两岸羌戎讴"的"羌戎讴"很可能就是后来卢戎的后裔。

华夏族吸收了大量的戎族，并促使他们转化为汉族。戎主要与秦、晋为邻，晋"魏绛和戎"策略也成为我国历史上华夏族追求与少数民族团结的成功先例，其政策的实施为晋国解决了北方的后顾之忧，随着戎与晋之间不断交流与互通，晋国将戎的土地纳入自己的版图，而戎也逐渐融入晋国，最后成为西北汉族的重要组成部分。

二　来自历史的自述

1. 朝代的终结："千金一笑"

骊山汤殿古华清，只洗凝脂不洗兵。

一自波澜流祸水，至今风雨作秋声。

新蒲细柳江头闲，暮草幽花辇路平。

别馆离宫三十六，不须烽火也倾城。

——（清）舒位《华清宫》

这是"狼来了"的故事的一个古代版本。

一个男人为了博得自己女人的一笑，点燃了烽火台。

女人笑了，西周亡了。

这个男人就是西周最后一位君主周幽王，这个女人名叫褒姒。

周幽王是西周第十三个王，后宫佳丽三千他只钟爱褒姒一个，为她美的摄人心魄，艳的超凡脱俗，为她从不会用狐媚的笑颜去取悦自己来换取恩宠。这个为情痴迷的君王只为了让闷闷不乐的褒姒露出一个微笑，曾以"千金"之财征集能让他的美人一笑的办法，他召乐工鸣钟击鼓、品竹弹丝，她不笑；他命宫人歌舞进临，她还是不笑；他命司库每日进彩绢百匹，丝帛来取悦褒姒，然而还是"千金难买一笑"。她成了他心中不可触摸的一朵冰山上的雪莲，她的一举一动都牵动着他的心。她笑，他便欢心，她愁，他便忧郁。他对她的关心与痴迷远远胜过对这个国家的关心。我可以征服一个国家，却为何征服不了这个女人的心？他向上天发问，向自己发问。

那时都城外每五里便置有一烽火墩，如有敌寇来侵则举烽火为号，召集天下诸侯派兵勤王。有一天，他和她去骊山，在骊宫的城头摆下夜宴，在征服欲的强烈催促下，在情线的深深牵动下，为赢得褒姒那强大魅惑的微笑，他不顾众臣反对，毅然点燃了为防御戎而修建的近 20 座烽火台。刹那间，狼烟四起，火焰直冲霄汉，一路烽火也随之点燃，夜色中的烽火逶迤千里，煞是壮观。远远望去，滚滚狼烟像是一场前所未有的迫在眉睫的浩然大劫。

各地诸侯见状慌了神，以为有敌军来侵，急忙调兵遣将，赶来救援。然而各诸侯没有看到敌寇入侵的迹象，只有周幽王与褒姒在城墙饮酒作乐的欢愉声。城下林立的旌旗、不断嘶鸣的战马和将士们高涨的情绪都化为了一个个猜疑。他们哪里料想得到他们的奋不顾身，他们的惊慌失措，他们的担忧与焦虑却正是陪周幽王和褒姒玩的"烽火戏诸侯"游戏中的一遭。在这场演出中，周幽王倾注了所有。褒姒也终于在看到被蒙在鼓里的诸侯们一副慌忙与不知所措的窘态之后露出了一个浅浅的微笑。

周幽王看到了美人的微笑，却没看到诸侯心中升起的怒气与忧愤。如此数次，诸侯们便不再相信，也不愿前来。

周幽王十一年（公元前 771 年），申侯联合犬戎攻打周幽王。边塞告急，国家告急，在军情危急，千钧一发的时刻，当他下令燃起烽火时已无人来救援了。因为众臣还深陷在之前屡次被愚弄的"游戏"中。在他们看来狼烟不是国家危难的象征，滚滚升起的狼烟只是一再提醒着他们被愚弄后的窘态与气愤。无人施救，任凭周幽王怎样下令与呐喊。犬戎掳走了褒姒，周幽王也被迫自刎，给这个朝代画上了一个大大的句号。

周室被迫东迁。

"赫赫宗周，褒姒灭之。"

如此痴情的人，周幽王是一个，后来的唐明皇也是一个。只是唐明皇还能够与杨贵妃"在天愿做比翼鸟，在地愿为连理枝"，而幽王则只有一片痴情。

一个微笑，断送了一个朝代。

而犬戎在与申联合攻打周取得胜利后，便企图占领周的领土。为了驱逐戎兵，申侯再次约晋侯、卫侯、秦君和郑世子"勤王"商议歼灭戎兵，犬戎大败。而此时的义渠戎也借机向犬戎发起进攻，将犬戎的盘踞之地全部纳入自己的统治范围。上天和犬戎开了一个玩笑，曾经的西戎霸主的地位不保，残酷的战争让犬戎一无所有，族人小部分归附在义渠戎之中，大部分则变更族名迁离原居地，犬戎之名不再见诸史册。

2. 命运的拐点："老马识途"

> 管仲、隰朋从于桓公伐孤竹，春往冬返，迷惑失道。管仲曰："老马之智可用也。"乃放老马而随之。遂得道。
>
> ——《韩非子·说林上》

《史记·匈奴列传》载："唐虞以上有山戎、猃狁、荤粥，居于北蛮，随畜牧而转移。"山戎，即当时的北戎，他们一再发起的战争与不断增强的势力成为当时燕国的一大心患，西周东迁65年后，山戎便按捺不住激动的心情开始越过燕国攻打齐国。《史记·匈奴列传》中记载："是后（指平王东迁）六十有五年，而山戎越燕而伐齐，齐釐公与战于齐郊。"然而在这个危机与转机并存的时代里，那个曾经霸气十足的氏族又是如何消失在了历史的长河中的呢？

那是两千六百九十几年前发生的故事。

公元前 679 年，由于受到了山戎的不断侵扰，燕国开始担忧自己国家的安危，于是求救于齐国。当时的齐桓公是中原霸主，他召集各国诸侯订立盟约，联合抵御外族。公元前 663 年，齐桓公亲自率领一支大军到了燕国，但山戎已退回北方，山戎王密卢也逃到了孤竹国，只留下那些来不及逃跑的百姓和士兵还守在燕国这片土地上。为了削弱这个氏族的势力，齐国和燕国的军队决定再次联合征讨孤竹国。

然而，浩荡的军队却中了计。

当一抹夕阳染红了天幕，浩渺的大漠卷起阵阵黄沙迎接这支大队人马的时候，那个答应做他们向导的大将黄花早已不见了踪影。齐桓公这才恍然大悟：中计了。齐国将士在这一片沙漠中徘徊不前，留给他们的只剩下那一声声的埋怨、责备与后悔。齐、燕大军也迷失了方向，寻不到出路，没有任何水粮，也没了希望，西北风呼呼地吹得将士们瑟瑟发抖，似乎等待他们的只有与飞舞的黄沙为伴，然后葬身在茫茫沙漠之中。正在大家沉浸在一片悲痛与绝望之中的时候，管仲突然灵光一闪：他挑选出几匹老马，让它们在前面领路，众人跟随着老马前行。对这些宁愿战死在战场上也不愿被冻死、被饿死在沙漠之中的将士来说这是最后一搏，是最后的垂死挣扎，也是绝望之外有可能看到希望的黎明前的黑暗。没想到等待他们的果真是一片大好的希望，他们在几匹老马的带领下走出了沙漠。

这一次，齐国不仅消灭了山戎，还为燕国向北拓展了土地，《春秋穀梁传》这样记载："桓外无诸侯之变，内无国事，越千里之险，北伐山戎，为燕辟地。"

"老马识途"成就了燕国，让其成为齐国的北方屏障。"老马识途"也消灭了一个部族。齐国灭掉了孤竹国后，一部分山戎融入了当地民族，一部分加入了东胡。山戎，这个中国北方骁勇善战的强大游牧民族开始退出历史的大舞台。

三　远去的回音：千年的叹息

母后临政，自秦宣太后始也。

——陈师道《后山集》（卷二二）

东益地，弱诸侯，尝称帝于天下，天下皆西向稽首。

——《史记·穰侯列传》

《史记·秦本纪》曰：昭王母芈氏，号宣太后。王母于是始以为称……是太后之号，自秦昭王始也。汉袭秦故号，皇帝故亦尊母曰皇太后也。

——（宋）高承《事物纪原》（卷一）

她是中国历史上最早被称为太后的人。她对秦国政权长达三十六年的控制，开启了中国历史上后妃执政的先河。她还被认为是秦兵马俑的主人。她就是秦宣太后，又称芈八子。

那是公元前306年，当时的国君是秦昭襄王，因为年纪小，便由其母亲宣太后摄政。在此之前，秦国经过商鞅变法之后日益强盛，图谋称霸的这一伟业也开始酝酿。然而秦国为何空有一腔壮志而不敢大举实施呢？

那是因为在秦国的背后长期存在着一个隐患——义渠戎。

公元前 623 年秦穆公霸西戎，公元前 444 年，秦又伐义渠，"执其君以归"。义渠在吸取了经验教训后于公元前 430 年（秦襄公十三年），倾全力攻秦，扩大了疆域，后十年成为义渠国最强大的时期。据《史记·匈奴列传》："义渠在岐、梁山、径、漆之北"；《后汉书·西羌传》说："径北有义渠之戎。"义渠国以此为根据地，在义渠王的励精图治下，他们的活动范围不断扩张，在统一了周围的小部落、方国之后，势力也越发强大。最终将扩张的矛头指向了实力雄厚的秦。义渠与秦在多年的不断征战中凝聚着各自的力量。而公元前 314 年秦惠文王对义渠发兵，攻取二十五座城池之后，义渠国力大损，但实力仍不可小觑。因此在西北地区，以义渠戎为代表的西戎一直是秦的最大边患。

秦昭襄王即位后，主政的宣太后处心积虑要对付义渠戎，以解除东进时的后顾之忧，但始终不敢贸然出击。面对这样一个强大的邻国，宣太后既害怕又对征服义渠充满着憧憬。但除了用兵之外，还有没有可以不战而胜的其他办法？

最终，她，一个女子，成全了秦国。

此时的宣太后三十余岁，仍青春貌美，没有强攻，没有战报，没有伤亡，她仅靠一身的妩媚与柔情、靠拢与关照让戎王丧失了战斗的意志。后来，义渠王难敌宣太后的柔情而与她沉醉在爱河当中。《后汉书·西羌传》中记载："及昭王立，义渠王朝秦，遂与昭王母宣太后通，生二子。"她赢得了他的万千宠爱，再加上两个儿子的诞生，更加有力地巩固了她在他心中的地位。那时享受到天伦之乐的义渠王完全丧失了对秦国的警惕，而此时的宣太后也完全掌握了义渠戎的军事情况与秦昭襄王日夜秘密计划攻灭义渠的策略。后"至王赧四十三年，宣太后诱杀义渠王于甘泉宫，因起兵灭之，始置陇西、北地、上郡焉"。《史记·匈奴列传》则记为"宣太后诈而杀义渠戎王于甘泉，遂起兵伐灭义渠"。

　　然而无论历史怎样记载，义渠王始终没有想到这个在他面前温柔体贴的女人竟然时刻在内心装着一把刺刀，这个朝夕相处的女人内心竟然满是阴谋与报复，这个他最为信任的女人，竟然用他给的信任做武器真真切切地刺穿了他的心。

　　义渠王死后，宣太后便展开了紧锣密鼓的筹备，发兵攻打义渠。义渠国灭亡，甘泉宫也不再被人们所提及，没有了往日的欢笑，失去了昔日的繁华，它也将经受这段历史的人们的创伤深深掩埋，历史的篝火通红，沉重。

　　义渠国的领土并入秦国。至战国时，迁居到中原的戎族各部，已渐渐融入华夏民族。存活了近两千年的西戎以义渠戎的消亡而正式退出历史舞台。

　　扫除了一切障碍的秦国向义渠国迈出的历史性的一步，使义渠国成为秦向东扩张的跳板。那段经受了近两千年风雨洗礼的秦长城同《史记·匈奴列传》中那沉重的记载："于是，秦有陇西、北地、上郡，筑长城以拒胡"一起，铭记着那一堆堆黄土之下，埋葬着在中国历史上活跃了近两千年的戎。自此以后，"胡"成为西北地区少数民族的称谓。

四　历史的复现：古址遗言

　　戎族就这样在不断的征战中消失了。而 1985 年在北京延庆县八达岭长城以北的军都山南麓玉皇庙村发掘的大量的山戎墓地、固原杨郎墓地，以及1998年宁夏彭阳县张街村发掘的春秋时代墓葬的出土让这个已经消失了近两千年的部族，重新又回到了现代人们的视线。

1. 文明历程的开启

可以说，随葬品最能集中反映戎族春秋战国时期社会制度的变化，而随葬品数量上的差异与金银饰品的精细程度也表明了墓葬主人社会地位的不同，这些在地下沉睡了千年的随葬品用自己的方式诉说了当时戎族社会的不平等。而城邑的出现让这个氏族社会开启了文明的社会进程，杨郎马庄墓地和彭堡于家庄这样大面积墓地的存在便是对当年历史的最真切的见证。《后汉书·西羌传》"是时义渠、大荔最强，筑城数十，皆自称王"，记载了当时城邑的面貌。

在玉皇庙墓地，殉葬的牲畜也以狗、马为最多；张街村文化遗址中也发现了大量马、牛、羊的头骨和蹄骨殉葬，因此从殉牲的数量上不难看出，当时畜牧业在戎族的生产和生活中占主导地位，且牲畜的数字已经成为他们衡量财富多寡和社会地位高低、国家强弱的标志。另外，殉牲的数量也反映了当时戎人生活的那片地区草木茂盛，适宜进行畜牧业的发展。

2. 民族的交融

在固原地区发现了多达40座青铜文化遗址，据说这代表了乌氏戎文化。考古人员对发掘出的随葬品进行了仔细排列编号，发现早期墓葬中有大量的马、牛、羊头骨随葬，而到了中后期，逐渐减少，到了战国晚期时已经没有牲畜陪葬。综合以上信息，我们大致可以勾勒出这样一幅画面：戎族最初是以畜牧业或游牧业为主，后来在内地的影响下，畜牧业慢慢被农业所替代。然而是在谁的影响下，又是谁促成了这一形态的转变？答案是：周人和秦人。

田亚岐先生认为："从秦国初立的襄公直到穆公时期，每位国君都把对戎狄的战争当作其一项首要任务，而这个战争也经过了一个极其艰苦卓绝的历程。"① 处于这样的一种环境中，秦人与戎族在文化上的相互渗透却在悄无声息地进行着。

戎族生活的区域温暖潮湿，属于半湿润气候，畜牧业和农耕的发展都较为适合。而随着戎与周人、秦人之间的频繁交往，周的先世"不以失其官儿奔戎狄之间"，孙公刘在戎地"务耕种、行地宜"，把农业技术传播到了戎人所居之地。战国时，随着戎人定居生活的开启，农业随之也有了一定的发展。后来战争不断，因此大量的粮食供给也成了秦人的必备，于是秦人便利用戎人所居之地优势，大力提倡耕田之农业，解决西征的粮食供给，可以说秦人的西征又促成了戎族农业的一次飞速发展。

---

① 陈探戈：《春秋战国时期的秦戎关系研究》，硕士学位论文，西北大学，2011年，第25页。

第十四章 消失的古族——狄族

传说，狄族为太古时期神裔巨神封峻与人类女子诞生下的后裔。这使狄族的血液充满了神秘的气息。据言，狄族生性多疑几乎除自身之外的所有部族都是他们的假想敌，掠夺和战争几乎成了他们固定的民族性格，而后这种民族性格继而极大地影响了后世华夏民族的形成，然而这种基因是否真的存在或者影响了我们呢？狄族又真如神话传说所言那样在某个历史的深处让人不寒而栗呢？

一 迁徙演变

狄字从犬从火，有强悍有力和行动迅捷的意思同时兼赋遥远和剔除之意。"北方曰狄，衣羽毛穴居，有不粒食者矣。中国、夷、蛮、戎、狄，皆有安居，和味、宜服、利用、备器。五方之民，言语不通，嗜欲不同。"（《礼记·王制》）狄族是先秦时期中原华夏族（后文简称诸夏）对北方游牧民族部落和国家的混称，故又曰北狄。同时从字面意思来看也体现了狄这样一个上古民族的特性。春秋时期北狄源出于商周时期的鬼方、猃狁，属于羌戎族系，《古本竹书纪年》说：

"武乙三十五年，周王季伐西落鬼戎，俘二十翟王。"丁山指出："鬼戎当即鬼方的别名。"由"俘二十翟王"，知"鬼戎"。北方的狄族在商周和春秋时期接受了诸夏文化的不断影响，据历史可考，诸夏的平民甚至是贵族也融入了北狄的民族中，成为北狄民族的主要来源之一。

　　春秋中期到战国中期戎狄往往混称，有些部落兼具戎与狄两种称号。而在其后近百年的时间里又出现了赤狄、白狄、长狄等诸多分支和称号。

　　上古神话中有传言狄族是太古神裔巨神封峻与人类女子诞生下的后裔。狄族宣称封峻将北方之地赋予了他们。因此又称北狄，他们一直居住于山海世界的北方。狄是游牧文化的代表。司马迁在《五帝本纪》中写到，他自己为采访黄帝的事迹，曾"西至空桐，北过涿鹿，东渐於海，南浮江淮"，所到之处，"长老皆各往往称黄帝、尧、舜之处"。以上空桐（在今甘肃平凉市西）、涿鹿、东海、江淮四至范围之内，正是华夏当时的共同文化圈。

　　根据《国语·郑语》的记载，在周幽王八年也就是公元前774年，洛阳王城以北除有燕、卫之外，还有"狄、鲜虞、潞、洛、泉、徐、蒲"等民族建立起来的诸侯国，其中鲜虞属于白狄，其他狄的大部皆属赤狄。狄族在历史的记载上一直是处于若隐若现的尴尬境地，很大一部分原因是游牧生活对于其他民族具有的强烈威胁也一直让狄族处于被防御的位置。随后的狄族历史基本上是迁徙的历史，从发源的西北、陕北、蒙古等地一直向东迁徙到今河北正定县、唐县一带。有趣的是，狄族的迁移，或者说在后世的民族演变过程中呈现的是一个自西向东的路径，这同样也是黄河的自然流向，逐水而居的游牧民族习性可以由此得到验证。然而在游牧民族的迁移过程中必然存在这样一种现象，一部分人因当地的食物供给充足而留下来并被当地的农耕生活同化，另一部分则继续迁移并同当地少数民族融合。通过狄族的迁徙脉络，对我国古代少数民族的历史变化大致可以做出这样的推断，一条线索为先秦时期的东夷、南蛮、西戎、北狄的演化至汉民族的初步形成，另一条线索大致为汉唐时期的匈奴、突厥、吐蕃以及宋元明时期的契丹、女真（金）和党项，虽然元朝时期属于蒙古族的统治。但因其没有强大的政治文化体系而被汉族同化直至被取代，到了清朝，居于统治地位的满族的前身即为女真人。由此可以看出，整个中华民族的历史也是各个民族之间的博弈史、融合史。

在战国后期，狄族的主要部分已经被华夏族所同化，另外一部分在胡人南下后融入胡人之中成为匈奴的主要来源。

二　伴随的中山国

狄族在历史上从产生到几近消失一共经历了夏商西周和战国几个时期，而这一时期也是禅让制度和分封制度过渡到封建统治萌芽的时期，其中狄族也曾建立了一个在经济、文化和军事实力上都足以和战国七雄相媲美的王国——中山国。

中山国，位于太行山东侧交通要道的山地，临近赵国心腹地区，北面与燕国相望。它的存在一方面是自己的军事经济实力使然；另一方面也是赵国和燕国互相牵制的缓冲地带。

这是公元前408年到公元前406年的一场旷日持久的护国之战，中山国的青年领袖桓公眉头紧锁，在微弱的火光下分析地形，制定应对腹背受敌窘境的策略，他锋利的剑眉和坚毅的眼神闪动着坚定必胜的信念。面对战国初期实力最为强大的魏国的猛攻，中山国利用险要的地理位置和强大的军事动员，严防死守，坚守三年。之后，中山国的历史暂告一段落。这个自公元前506年到公元前406年历时百年的鲜虞中山国，正是由狄族建立起来的，更为确切地说是狄族的一支——白狄的鲜虞部。

狄族英勇善战的性格让他们在春秋中叶诸侯国混战中常常处于优势地位，甚至连当时的霸主齐桓公联合郑、宋两个大国和一些小的诸侯国也不能将北狄制服，在太行山以东节节败北，只能被动地退兵于千里之外，使得诸国一度谈狄色变。除了刀枪剑戟厮杀出的领地之外，狄族还因为其善战嗜血的特性获得过丰厚的回报，其中一项就是和亲。

据史料，晋献公曾娶二女，《史记·晋世家》记载："重耳母，翟之狐氏女也；夷吾母，重耳母女弟也。"重耳在太子申死后被晋献公逼迫，"遂奔狄，狄，其母国也"。另，齐桓公去世后诸侯国再次陷入混战，周在与郑国的利益争夺时从赤狄中娶得一妻示好，力图借力打力，将狄族拉进自己的战壕，但是这种政治婚姻并没有给各个诸侯国带来安定和团结。而是狄族在处理与华夏族进攻与合作关系时的策略。周襄王希望利用狄人巩固自己的地位，而狄人则希望利用天子的权威进一步胁迫诸夏。这种相互利用的关系并没有持续太长时间，除了狄族和诸夏的利益争夺之外，还有极其重要的一点，那就是民族之间的无法逾越的隔阂和障碍。在周国和狄和亲的时候富辰就曾经提到不能对狄掉以轻心，他认为狄是未开化的野蛮民族甚至不能算得上是文明的人类。他曾说"狄，封豕豺狼"。意思是，狄族贪得无厌，就像豺狼虎豹一样，怀揣狼子野心。从这种言辞论断中不难看出对于狄族的敌视态度，纵使和亲也只是消除威胁的权宜之计。

公元前 611 年，狄族进攻邢国，并以迅猛之势遏制邢国，使邢国元气大伤、惨败不堪。管仲曾这样评价过狄族："戎狄豺狼，不可厌也，诸夏亲昵，不可弃也。"这是管仲的外交主张，他认为戎狄如豺狼一般盯着诸夏的国土，饥饿难耐，随时可能发动灭顶的战争，因此不能与之为敌，最好敬而远之。在这种情况下以文明自居的诸夏族就成了天然的同盟，因为在诸夏民族之间存在一种共同心理，那就是自居衣冠礼乐文明，歧视夷狄为野蛮的未开化的不文明的民族，甚至将其视为"禽兽"一般，有一种大小尊卑的民族优越观念和大民族意识。而我国少数民族的历史地位几乎没有较大的变动，除了元、清两朝，他们一直是被视为野蛮的不文明的民族，例如在明朝，女真人就一直被以"野人"代称。

在夏商周时期，青铜器的使用，推动着社会生产力的提高，而狄族恰恰是这一青铜文化的受益者。考古发现的文化类型包括马家窑文化半山类型、马厂类型、刘家文化、火烧沟文化、卡约文化、辛店文化、先周文化及西周文化等。考古发现展示并证实了狄族的居住和生活方式，他们是一个极其擅长利用青铜兵器的民族。西周晚期开始广泛使用的铁器推动了社会生产力的提高和技术的改革，催生了冶铁、铸铜、丝织、煮盐、陶器、瓷器和车船的制造行业，并处于世界的领先水平。这些工具的发明再次运用到农耕业形成一个良性的循环。然而，当时一些在经济上落后的民族一旦将铁器用于生产和军事，就会变成对古老文明的巨大威胁。在公元前 8 世纪至公元前 3 世纪间，古代世界发生的多种格局变化，都直接或间接与铁器的使用和发展有关。

公元前 8 世纪至公元前 3 世纪也就是中国的春秋战国时代。古代文明在空前广阔的区域以空前的速度发展起来。亚述帝国、波斯帝国、希腊城邦、亚历山大帝国，它们兴衰和代谢的速度，是公元前 3000 年和公元前 2000 年埃及和两河流域的古文明所不能比拟的。在古代中国，夏、商、周三代都是以不平等的方国或部落联盟为基础建立的"封建"王朝与诸侯的政治体系，而在春秋战国时期（尤其是战国时期），这种体系迅速被以地域为基础的郡县制所代替了。中国虽无大规模的文明中心转移，但是在社会和政治方面也发生了空前迅速的变化。

三　狄的强盛至衰落

狄族在进攻方向上主要是以燕国以南的诸侯国为要冲，狄与邢、晋、秦之间的关系已经显现出纵横捭阖之道。狄曾以一国之力先伐邢后攻卫，以至当时的强国齐、郑、宋三国联手都不敢贸然进军，最后邢国和卫国在狄人的猛烈攻势下惨败。仅用了三年的时间邢国、卫国便大势已去，只能灰溜溜地从黄河北岸迁居黄河南岸"以避狄难"。

秦国则在狄族的后方进攻，让狄族苦不堪言，这使得晋国与狄出现了几次交好的局面，上文提到的和亲就是其中很有分量的一次策略。

在周王朝和晋国之间，狄人也发挥了不可忽视的作用。晋国统治集团分裂和周王室的分裂几乎发生在同一历史时期，狄人运用这一机遇大肆扩张自己的势力范围，步步逼近晋国和周国的边界。周襄王利用狄人攻打郑国的机会在后来的争霸中占据了优势地位。而后来的白狄从狄族的大部队中脱离出来，主要是与赤狄脱离和晋国结为同盟。但同时狄也联合秦国攻打过晋国。秦、晋两国一方面想要尽量拉拢狄，另一方面又竭尽全力地蚕食狄的领土。

从这些历史事件中不难得出这样的结论，狄人一直充当的是各诸侯国争霸时互相争夺的力量，因为狄人善战而且易于被利用。而狄族易于被利用主要有内因和外因两点。从史料记载中可以窥见一斑。

晋悼公"和戎"政策的成功使得"白狄及晋平"，即白狄和晋国结为同盟。主张和戎政策的使者魏绛这样分析道："戎狄游牧，贵货轻土，可以用货物换取戎狄的土地；边鄙不再有惊恐，人民习于耕作，可以得到丰收；戎狄听命于晋国，四邻为之震动，诸侯就会屈从于晋国的威严；以德使戎狄安宁，晋国无军事的劳累，装备也不至损耗；以后裔侍其武力而亡为鉴，推行以德服戎的政策，远方戎会来归附，国内也会得到安定。"（《中国民族史》，第142页）从这里我们不难发现，狄族其一"贵货轻土"，这源于游牧民族最基本的物质诉求和薄弱的领土观念，发动战争获得领土的目的就是获得生产资料即"货"，既然现在不费一兵一卒就可以获得生产资料，对于狄族来讲是再好不过了。其二，"戎狄听命于晋国，四邻为之震动，诸侯就会屈从于晋国的威严"，狄族的骁勇善战是举世闻名的，狄族"归顺"于晋国无形之中增强了晋国的国力，同时晋国反过来又利用狄族来巩固"和戎"的成果，并吸引越来越多的狄族归顺，对于晋国来讲这是一个良性循环，以非暴力的方式获得了狄族的土地和人力。晋国在推行"和戎"政策八年之后达到了"九合诸侯"的霸主地位。也正因为如此，自晋悼公以后，秦、晋两国的背面几乎没有了狄族的动静，狄族已经被同化了大部，剩余的白狄转移到了太行山以东。在这个时期游牧民族被同化的模式已经基本显现了，强势民族利用优势的民族政策和民族文化以非暴力的方式同化文化上处于劣势的少数民族，面对文化的侵袭，游牧民族并没有意识到也没有能力改变已经为他们书写好的民族未来。

　　白狄迁移后的一支鲜虞于公元前506年前后建立的中山国，存在了整整100年的时间，到公元前406年灭于魏国，暂时告别历史舞台。公元前381年，中山国竟复国了。从这一历史事件中我们看到游牧民族顽强的民族特性再次闪现。历史上能够在被灭国之后又以一种新的姿态复辟的国家寥寥无几，更为可贵的是中山国在魏国、赵国、燕国三大强国的夹缝中又存活了70余年的时间，在经济、政治、文化、军事实力上都足以立足于战国七雄之间，然而这个时候中山国的狄人已经被同化成为具有华夏族的特性，从政治管理层面和文化层层面已经和诸夏民族趋同。

　　中山国最终于公元前296年被赵国消灭。中山国灭国的原因，首先是由于统治阶级的生活腐朽、奢靡，无心政治，疏于管理，夜夜歌舞升平。这几乎是历史上王朝走向没落的主要原因，在经济富足之后统治阶级骄奢淫逸，破坏了政治体制和经济体制的良性循环。也从另一个侧面反映出中山国

的管理和制度同诸夏民族趋同，而且文化水平达到了一定的
层次才可以"夜夜歌舞"。

其次，从后世出土的文物中可以看出，在文化内涵上，
以北方即从东以太行山为起点向西涵盖甘肃、青海地区，向
北到达内蒙古地区，向南涉及今天山西的晋南地区的戎狄各
部在夏商至两周时期青铜文化十分繁荣。他们之间总的文化
特征大同小异，但各个地方又自成一派，各有特点，在东边
的黄河中游的陕西、山西两省出土的，主要以北方系青铜器
为代表；而黄河上游今甘青地区发现的西羌戎人文化，以其
墓葬为代表。

整个西周、春秋时期，伴随着诸夏与诸夏商旧族暨
"蛮""夷""戎""狄"的战争与交往，这种融合不断地扩
大范围，最后，到春秋战国之际，原来的诸夏以及散布在中
原各地的旧氏族部落，终于熔铸成了一个整体。他们彼此之
间不再有血缘的隔阂，在语言、文化、礼俗、生活方式等方
面也不再显示出差别。这个新形成的共同体，很自然地沿用
过去"华夏"的称呼，那些原来各氏族部落独自崇拜的祖
先，则成了华夏族共同崇拜的祖先。其中具有最高地位的祖
先，当然也就非原来周人的祖先莫属。就像后世编撰所谓氏
族谱或"百家姓"，处在首位的自然是当朝皇族的姓氏。这
样，黄帝就成了全体华夏族居民的人文初祖了。①

骁勇善战，势不可当，血性与刚性一直是伴随游牧民族
的性格标签，纵观历史，中国由游牧民族统治时期的蒙古民

———————

① 沈长云：《黄帝、黄帝部族与黄帝发祥地》，《文史知识》2008 年第
7 期。

族的前身也是匈奴的一支，游牧民族马背上的生活方式和经济结构使得他们没有办法停下来思考，从而也就很难产生像儒教一样统一的思想文化为政治统治做伦理支撑，在获得中国历史上疆域最为广阔的土地，并将铁蹄踏遍亚欧大陆之后无法产生有效的统治机制，而且没有统一的文化政策做后盾，很快便被强势的华夏文化所同化，并产生共融的特性随即昙花一现般消失了。中国历史上另一个较为明显的例子是清王朝满族的统治。满族同样是游牧民族的后裔，是在明朝时期女真族的基础上发展而来，明代女真各部的经济、文化、血缘、地缘的交流是努尔哈赤通过政治兼并和政治联合发展起来的，但不同的是清王朝与汉族产生更多的是共融的特质。满族后期的康熙大帝已经成为一个儒家学者型的统治者，满族统治的文化积淀仍然是汉族的儒家文化，所以甚至有史学评论家说满族实际上也是被汉族的强势文化所同化失去了本民族的特性，只留下了形式上如服饰的文化模型。同样，在中山国出土的文物中绝佳的青铜技艺令人叹为观止，其中很多文物虽然保持着某种程度上的狄族风格，但是已经很明显地被华夏族所同化。

由于根植于骨子里的民族性格的狄族在历史上几近消失，融合进其他民族，中山国的兴衰覆灭就成为这一过程的掠影，也可以看作游牧民族被华夏族同化甚至是一种水乳交融过程的简略史。

后　记

　　这部书稿从写作到现在已经三年多了，其中经历的各种修改与统稿很是艰辛。三年前，"一带一路"倡议尚未提出，丝绸之路还只是在申遗之中，做这个课题多少有些超前。我们学院同事们的兴趣多在新闻、传播理论的研究与电影、电视的研究，少数几位开始做少数民族文化传播研究，只有我一个人要做丝绸之路相关的课题。中国的大学自20世纪90年代以来发生了很大的分野，先是"985"大学的崛起，后是"211"大学的得势。几番评估和建设将原本平静的大学折腾得云烟四起，孔雀东南飞，人才都往东南一带流失，且在各种评奖、人才选拔之时，教育部给予了"985"和"211"高校很多优厚政策，使这些高校不仅经费远比一般高校丰裕，且人才济济。于是，在课题的申报与研究中也慢慢地形成一种趋势，"985"高校的教师将基础理论和前沿性的课题都包揽了，"211"高校的教师是后一个梯队，到了一般的地方高校时，就只能做地方性的课题了。学术格局也变小了。

　　但是，并非所有的地方性课题都是小课题，比如丝绸之路与南海问题在当下就是世界性的大课题，而这些课题原来

"985"和"211"高校的教师可能碰过的不多，于是，地方高校就显示了它的特色。所以，在今天来看，地方高校进行学术研究得有两方面的修养，一是基础研究要扎实，也就是要有总体性观念与深厚的学术基础；二是地方性研究要突出，形成特色。如果这两方面的修养都充分，那么，地方高校的研究可能对于中国学术的贡献在今天要更为重要。比如对于丝绸之路的研究对于我们这些西部的高校来说便是如此。

我原本是做当代文学研究，后来因为工作调动从事旅游文化研究，不得已进行过粗浅的中国传统文化研究，甚至做过一些中西文化比较的工作，但这些简单的工作给予我很大的帮助。如果说对于今天的学者来讲，中西文化兼修是必备条件的话，那么，中国文化史与西方文化史便是任督二脉。这是基础。我有幸给学生们在讲授这两门课时学习了它们，并且明白了中西文化的共同点和不同点。这也成为我后来提倡进行中国传统文化传播思想和方法研究，提倡弘扬中国传统文化的原因。

后来，在进行丝绸之路旅游文化研究时，不断地往丝绸之路沿线探寻，当我脚踏上这古老的文明大地时，我便慢慢地知道，我的命运大概要与它相连了。它沉重的呼吸、忧郁的表情以及蛮荒的背景深深地拨动了我的心弦。我愿意孤独地行走在这无人的荒野。

八年之后，又是工作调动，我开始进行文化传播研究，我便自然地转向中国传统文化传播与丝绸之路文化传播。那时，当我提出这一命题时，进行文化研究的人都赞同这个方向，但我的同事们大都沉默着。我自然是理解他们的，因为他们过去和现在都未曾做过这方面的研究工作，要突然落地进行地方文化的研究有些艰难。于是，我只好孤独地上路了。

丝绸之路文化传播是一个浩大的课题，自从敦煌学成为显学之后，敦煌学热起来了，但丝绸之路的研究似乎反而淡了下来。中国有个吐鲁番学会，主要是史学界的人在进行西域文化的研究。西域也热起来了。甘肃还有人在进行五凉文化的研究。似乎丝绸之路的不同节点都有文化热点，但整体性的研究和传播倒并没有成为趋势。这可能也有一个渐进的过程。

我曾经在纪录片《河西走廊》的研讨会上冒昧地提出，丝绸之路学可以成立了，当时也只是说了说，并未引起大家讨论的兴趣。后来，我不断地在一些论坛上提出建立丝绸之路学的问题，史学界和文化界有一些学者认为是可以的。今年在兰州财经大学举办的"一带一路"背景下的新媒体发展与丝绸之路文化传播高峰论坛中，中央社会主义学院博士生导师张大可教授也提出同样的倡议。我觉得在"一带一路"建设的热潮中，这个认识会慢慢地成熟，终究会被学界认可的。

提出一个概念很容易，但要进行具体研究和传播就很难。于是，我在研究生中开了一门丝绸之路文化传播的课程，起先是只在我自己的研究生中开，这两年大家有了共识，这门课便成为研究生的选修课。正是在这个课堂上，我带着我的学生们进行了一次又一次的尝试。那时还有一种雄心，即要把这些写作的内容全都变成纪录片。也就是说，我们是在为纪录片拍摄撰写学术稿本。所以，写作的风格既要有深厚的学术功底，每一句要经得起学术的考证，同时，语言风格又得是文学化的。这就给写作增添了很大的难度。

　　写作是艰难的。我选了一些在写作上有特长的研究生，一遍遍地告诉他们怎么写。首先是学术的梳理，这也是一个渐进的过程。一般来讲，学生们会将百度上查来的内容进行改编，有些会直接把它们贴过来。但我要的是细节，历史的细节，历史中个人的细节，甚至个人在历史的十字路口是如何面对人性的种种挣扎。一句话，我要的是活着的历史，而非死去的史料。那只是知识。所以，要穿过百度中的知识，走进历史中去。其次是写作的修辞。要将这些内容梳理成当下流行的学术性史料文章，太容易不过了。但我要的不是这些。这种文章在传播中有它的优势和劣势。优势是它处于一种相对客观的叙述，哪里都可以将其当作客观的知识加以引用，但劣势也在于它的"冷血"，它没有温度，不能渗进人的内心，更不能进入人的灵魂，所以这种文章其实是"僵尸"。今天我们高校拼命竞争的正是这种东西，所以我开玩笑说，高校的学术活动是"僵尸大战"。从传播的角度来讲，它是失败的。每篇文章除了作者和编辑外，不知道它还会影响什么人。过去没有微信公众号的时候，这些文章被保存在那些被称为核心和权威的杂志上，供别人做学术时查阅和引用。学术这个公器被悬置了。它不能再像历史上的学术那样成为人们安身立命、修身养性的法器，也不能去广泛地影响民众，它被私人拥有，且仅仅成为名利的台阶而已。这是令人悲哀的。其实，不光是学术，文学也差不多了。所以，我要求他们在写作的时候，要把自己的切身感受放进去，要写成普通人都喜欢看的东西，同时又不失学术的尊严。做到这一点太难了。

　　所以，每一个写作者都数易其稿，有些在中途不得已换人了。前前后后的修改大致进行了两年多时间。大概是我要求太高，所有的写作者都疲惫了，连我也疲惫不堪，终于将这个工作放下了。现在，这些写作者基本上都毕业了，有些进了高校做了大学教师，有些去了媒体。这两年来，由于"一带一路"成为热点，很多出版社都在约我写这方面的著作，我几次想将这部书稿和另外一部《丝绸之路上的城池与关隘》出版，但看了一下还是放下了。去年暑假的时候，我有一些时间是空着的，便又打开电脑，打开这些文章，一一看下去，有些进行了一番修改。虽然没有我预想的那么好，但也能成体系。我思考良久，还是决定将这部书稿出版吧，也算是对过去的工作有个总结。好也罢，坏也罢，总算是努力了一番。

　　第一章是我在赵婷写作的基础上修改的，想为大家的写作起一个示范作用，但也不尽如我意。后面的章节基本上是按这个风格来写的，同时融入了各自的性格，所以也有所不同。除了第一章，赵婷还写了第二章《月氏帝国》。第三章《神秘龟兹》由吴静雯撰写，第四章《西辽帝国》由张哲玮撰写，第五章《浩浩匈奴》由张慧春撰写，第六章《蒙古帝国》由任义撰写，第七章《烈烈西夏》由杨梦琴撰写，第八章《突厥简史》和第十二章《马背上的鲜卑人》由张丽媛撰写，第九章《西域胡人回回》由刘芳撰写，第十章《苍狼之后裕固族》由胡潇睿撰写，第十一章《最早先民羌族》由朱正山撰写，第十三章《消失的古族——戎族》和第十四章《消失的古族——狄族》由高亚楠撰写。本来还有几章，写一些曾经在丝绸之路上活跃过但很快就消失的民族和王国，但因为资料太少，不成体系，所以就舍去了。这里一并感谢这些写作者。

张哲玮在后期的统稿中做了大量工作，郭芫延进行了两次校对，在此特表感谢。最后要感谢本书的编辑罗莉和刘艳女士。

需要说明的是，这本书仅仅是我和我的团队在丝绸之路文化传播方面迈出的第一步，不知道以后还能走多远，但愿能越走越坚实，越走越宽广。也希望有更多的人参与丝绸之路学的研究与传播中，使中国的西部与整个欧亚大陆重新焕发出崭新的光辉。希望这些工作是有益的。

徐兆寿

写于 2016 年 12 月 28 日夜